小学生からチャレンジ

監修 毎日新聞 校閲記者 岩佐義樹

えんぴつ1本で

すごい変な文章を見抜いて国語力を上げる本

JTBパブリッシング

はじめに

文章《ぶんしょう》は、書《か》いた人《ひと》の思《おも》いや考《かんが》えなどを相手《あいて》に伝《つた》えます。だから、そこに間違《まちが》いがあると誤解《ごかい》を招《まね》く恐《おそ》れがあります。特《とく》にインターネットを通《つう》じて誰《だれ》もが発信《はっしん》できる今《いま》、文章《ぶんしょう》にはこれまで以上《いじょう》に注意《ちゅうい》が必要《ひつよう》です。そこで、この本《ほん》では漢字《かんじ》や表現《ひょうげん》の誤《あやま》りなど、さまざまな問題《もんだい》を用意《ようい》しました。

問《と》われるのは国語《こくご》の力《ちから》だけではありません。政治《せいじ》、経済《けいざい》、社会《しゃかい》など世《よ》の中《なか》のことを知《し》らないと見《み》つけられない誤《あやま》りもあります。しっかり読《よ》まなければ気《き》づかないようなものも隠《かく》されています。大人《おとな》もうっかり見落《みお》とすような誤《あやま》りもあります。

しかし、身構《みがま》える必要《ひつよう》はありません。

問題《もんだい》は各《かく》ページに記《しる》されたレベルや特徴《とくちょう》を見《み》ながら、ゲームのように楽《たの》しく解《と》き進《すす》められるようになっています。ゆっくり慣《な》れていってください。

問題《もんだい》を解《と》き進《すす》めると、ときには「これ、よくあるよね」という笑《わら》いが、ときには「こんな間違《まちが》いがあるのか」という驚《おどろ》きがあるでしょう。そういった経験《けいけん》を通《つう》じて、文章《ぶんしょう》に親《した》しんでもらえればうれしいです。

さあ、ページをめくってチャレンジしてみましょう。

受験《じゅけん》に役立《やくだ》つ

力《りょく》は？

文章《ぶんしょう》の達人《たつじん》になれる

社会《しゃかい》に詳《くわ》しくなる

小論文《しょうろんぶん》に強《つよ》くなる

頭《あたま》の体操《たいそう》になる

読解力《どっかいりょく》を養《やしな》える

この本《ほん》の魅《み》

家族《かぞく》で楽《たの》しめる

注意力《ちゅういりょく》を磨《みが》ける

大人《おとな》の間違《まちが》いも見逃《みのが》さない

使《つか》い方《かた》と注意点《ちゅういてん》

この本《ほん》の問題文《もんだいぶん》には、いくつか誤《あやま》りがあります。誤《あやま》りの数《かず》は問題《もんだい》の後《うし》ろに書《か》いてあります。えんぴつで誤《あやま》りに印《しるし》をつけてください。その後《ご》、答《こた》えと照《て》らし合《あ》わせてください。答《こた》えは問題《もんだい》のページをめくった次《つぎ》の見開《みひら》きにあります。

問題《もんだい》のページの上《うえ》にあるのは、そのページで出題《しゅつだい》された問題《もんだい》のレベルと特徴《とくちょう》です。

問《もん》題《だい》例《れい》

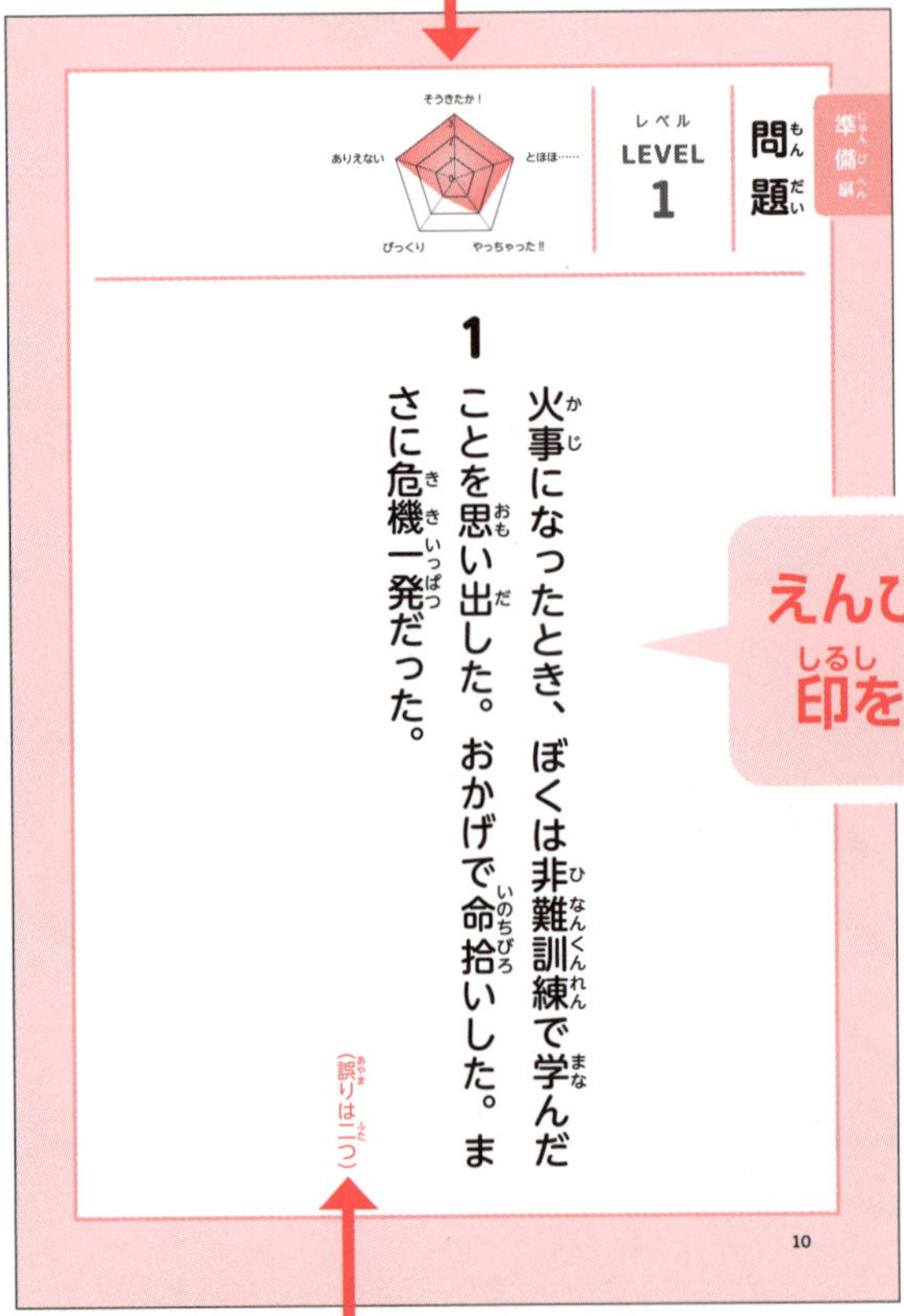

えんぴつで誤《あやま》りに印《しるし》をつけよう！

めくって解答《かいとう》ページへ

問題文《もんだいぶん》の誤《あやま》りの数《かず》を示《しめ》しています。

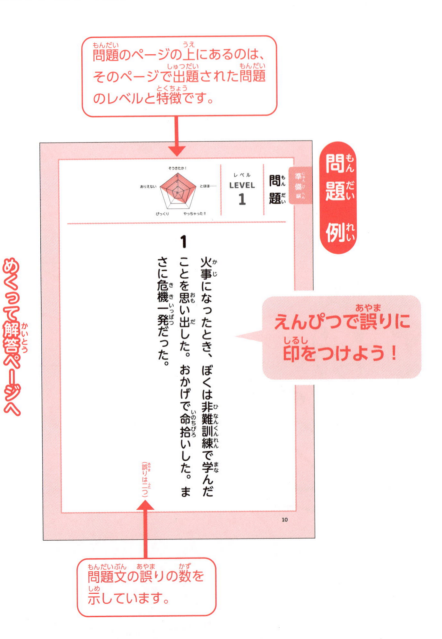

※問題《もんだい》を解《と》くときの注意点《ちゅういてん》

この本《ほん》の問題文《もんだいぶん》と解答《かいとう》は、2024年《ねん》11月現在《がつげんざい》、一般的《いっぱんてき》に使《つか》われたり読《よ》まれたりしているさまざまな国語辞典《こくごじてん》や新聞《しんぶん》などを参考《さんこう》に作《つく》りました。地域《ちいき》や世代《せだい》などによっては言葉《ことば》の使《つか》い方《かた》が違《ちが》うことがあるかもしれません。しかし、この本《ほん》では現在《げんざい》、より適切《てきせつ》と考《かんが》えられるものを正解《せいかい》としました。また間違《まちが》いとまではいえないものの、誤解《ごかい》を生《しょう》じるなどの理由《りゆう》で修正《しゅうせい》した方《ほう》が適切《てきせつ》なものも誤《あやま》りとしました。加《くわ》えて問題文《もんだいぶん》は軟《やわ》らかなものも用意《ようい》しました。文章《ぶんしょう》の性質《せいしつ》も読《よ》み取《と》って、誤《あやま》りを考《かんが》えてください（表記《ひょうき》は問題文《もんだいぶん》の性質《せいしつ》に合《あ》わせています。「ここは漢字《かんじ》ではなく、ひらがなではないか」といった誤《あやま》りはないものとします）。文章《ぶんしょう》がうまい、下手《へた》などは問題《もんだい》に関係《かんけい》ありません。

なお文章《ぶんしょう》の前《まえ》と後《うし》ろでつじつまが合《あ》わない場合《ばあい》は、前《まえ》を正《ただ》しいものとします。ただし後《うし》ろの方《ほう》が一般的《いっぱんてき》に考《かんが》えて正《ただ》しい、または正《ただ》しいと考《かんが》えられる場合《ばあい》はこの限《かぎ》りではありません。そしてページやふりがななどに誤《あやま》りはないものとします。

最後《さいご》に、問題文《もんだいぶん》は特《とく》に書《か》いていない限《かぎ》り今《いま》の日本《にほん》を想定《そうてい》しています。

解《かい》答《とう》例《れい》

答《こた》えのページの下《した》にある「探《さが》してみよう」は、みなさんの周《しゅう》囲《い》に問題《もんだい》に似《に》た誤《あやま》りがないかを探《さが》して、もしあれば書《か》き入《い》れる欄《らん》です。

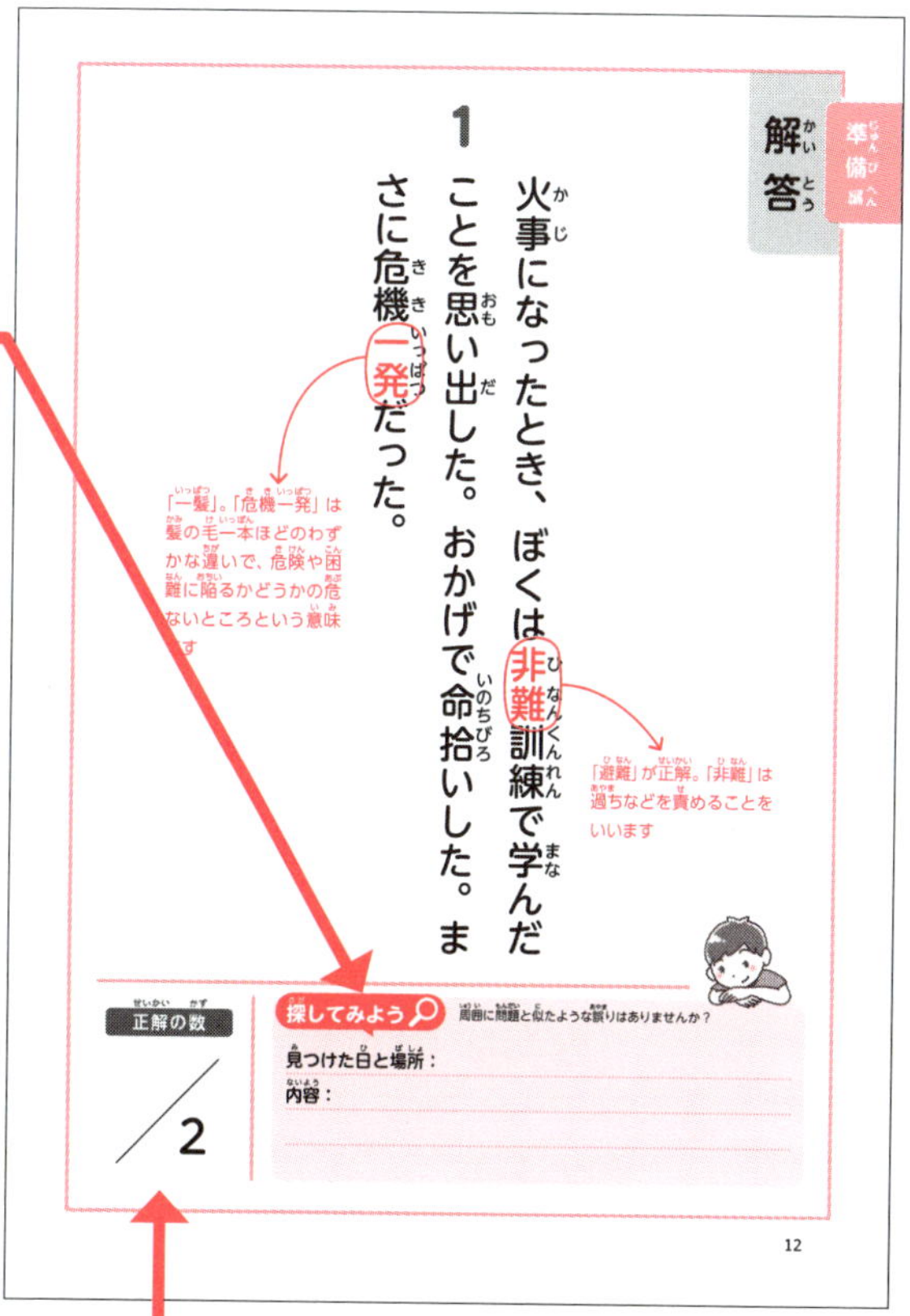

解《かい》答《とう》
準《じゅん》備《び》編《へん》
1
火事《かじ》になったとき、ぼくは非難《ひなん》訓練《くんれん》で学《まな》んだことを思《おも》い出《だ》した。おかげで命拾《いのちびろ》いした。まさに危機《きき》一発《いっぱつ》だった。
「一髪《いっぱつ》」。「危機一発《ききいっぱつ》」は髪《かみ》の毛《け》一本《いっぽん》ほどのわずかな違《ちが》いで、危険《きけん》や困難《こんなん》に陥《おちい》るかどうかの危《あぶ》ないところという意味《いみ》です
「避難《ひなん》」が正解《せいかい》。「非難《ひなん》」は過《あやま》ちなどを責《せ》めることをいいます
正解《せいかい》の数《かず》
／2
探《さが》してみよう
周囲《しゅうい》に問題《もんだい》と似《に》たような誤《あやま》りはありませんか？
見《み》つけた日《ひ》と場所《ばしょ》：
内容《ないよう》：
12

「レベルアップ」には日本語《にほんご》にかんするさまざまな知識《ちしき》やクイズを挙《あ》げています。

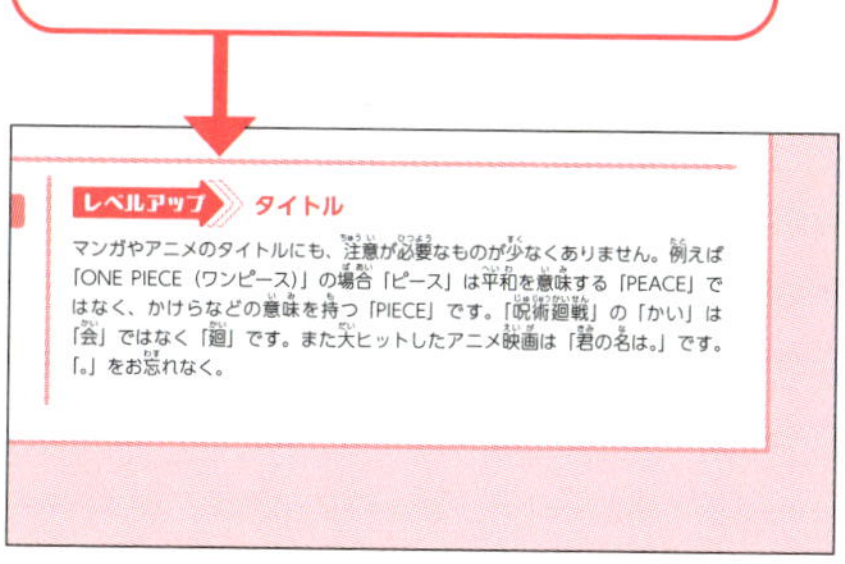

レベルアップ
タイトル
マンガやアニメのタイトルにも、注意《ちゅうい》が必要《ひつよう》なものが少《すく》なくありません。例《たと》えば「ONE PIECE（ワンピース）」の場合《ばあい》「ピース」は平和《へいわ》を意味《いみ》する「PEACE」ではなく、かけらなどの意味《いみ》を持《も》つ「PIECE」です。「呪術廻戦《じゅじゅつかいせん》」の「かい」は「会《かい》」ではなく「廻《かい》」です。また大《だい》ヒットしたアニメ映画《えいが》は「君《きみ》の名《な》は。」です。「。」をお忘《わす》れなく。

「正解《せいかい》の数《かず》」には、そのページで出題《しゅつだい》された問題《もんだい》の誤《あやま》りをいくつ見《み》つけられたか書《か》き記《しる》してください。

目次《もくじ》

準《じゅん》備《び》編《へん》

問題《もんだい》

レベル
LEVEL
2

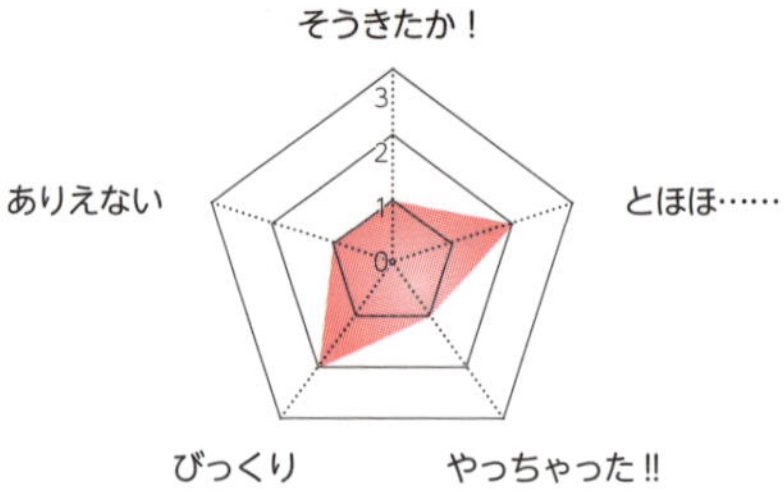
そうきたか！
とほほ……
やっちゃった!!
びっくり
ありえない
3
2
1
0

1

ぼくはアニメが好《す》きで、特《とく》に「サザえさん」が気《き》に入《い》っている。

（誤《あやま》りは一《ひと》つ）

2

母《はは》が父《ちち》と出会《であ》ったのは１９９２年《ねん》、父《ちち》も母《はは》も小学《しょうがく》６年生《ねんせい》で10歳《さい》のときだった。

（誤《あやま》りは一《ひと》つ）

問《もん》題《だい》

レベル
LEVEL
4

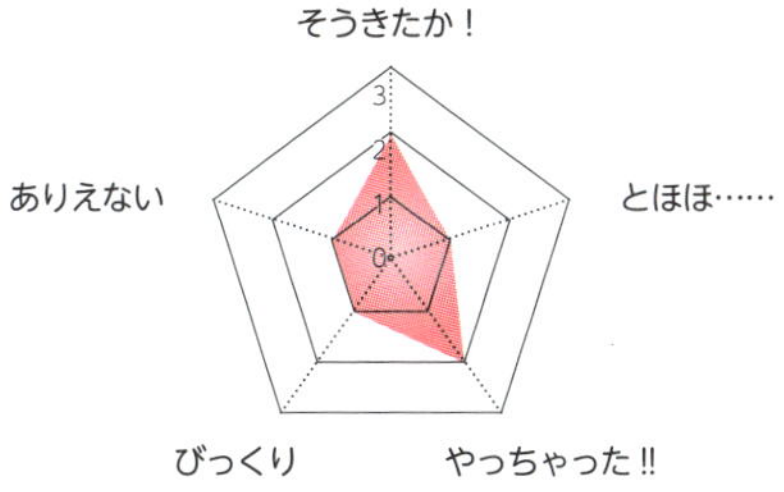

3

親《おや》などの同意《どうい》がないと、未青年《みせいねん》はスマートフォンの契約《けいやく》ができません。

（誤《あやま》りは一《ひと》つ）

4

おれは涙《なみだ》をこらえて上《うえ》を見上《みあ》げた。あの日《ひ》のことは忘《わす》れない。

（誤《あやま》りは一《ひと》つ）

解答《かいとう》

1

ぼくはアニメが好《す》きで、特《とく》に「サザえさん」が気《き》に入《い》っている。

「エ」はカタカナ。「サザエさん」が正《ただ》しい題名《だいめい》。ちなみにドラえもんの「え」はひらがなです

2

母《はは》が父《ちち》と出会《であ》ったのは1992年《ねん》、父《ちち》も母《はは》も小学《しょうがく》6年生《ねんせい》で10歳《さい》のときだった。

前《まえ》に「小学《しょうがく》6年生《ねんせい》」とあるため11歳《さい》、もしくは12歳《さい》と考《かんが》えるのが適切《てきせつ》です。両親《りょうしん》に確認《かくにん》が必要《ひつよう》です

正解《せいかい》の数《かず》

／2

探《さが》してみよう 周囲《しゅうい》に問題《もんだい》と似《に》たような誤《あやま》りはありませんか？

見《み》つけた日《ひ》と場所《ばしょ》：

内容《ないよう》：

解答《かいとう》

3

親《おや》などの同意《どうい》がないと、スマートフォンの契約《けいやく》ができません。未青年《みせいねん》はスマート

「未成年《みせいねん》」が正解《せいかい》。まだ成年《せいねん》（大人《おとな》）でないという意味《いみ》です

4

おれは涙《なみだ》をこらえて上《うえ》を見上《みあ》げた。あの日《ひ》のことは忘《わす》れない。

見上《みあ》げるのは上《うえ》だけなので二重表現《にじゅうひょうげん》です。「上《うえ》を見《み》た」が適切《てきせつ》。「見上《みあ》げた」を使《つか》うなら「空《そら》を見上《みあ》げた」などにするとよいでしょう

正解《せいかい》の数《かず》

／2

レベルアップ タイトル

マンガやアニメのタイトルにも、注意《ちゅうい》が必要《ひつよう》なものが少《すく》なくありません。例《たと》えば「ONE PIECE（ワンピース）」の場合《ばあい》「ピース」は平和《へいわ》を意味《いみ》する「PEACE」ではなく、かけらなどの意味《いみ》を持《も》つ「PIECE」です。「呪術廻戦《じゅじゅつかいせん》」の「かい」は「会《かい》」ではなく「廻《かい》」です。また大《だい》ヒットしたアニメ映画《えいが》は「君《きみ》の名《な》は。」です。「。」をお忘《わす》れなく。

問題《もんだい》

レベル
LEVEL 6

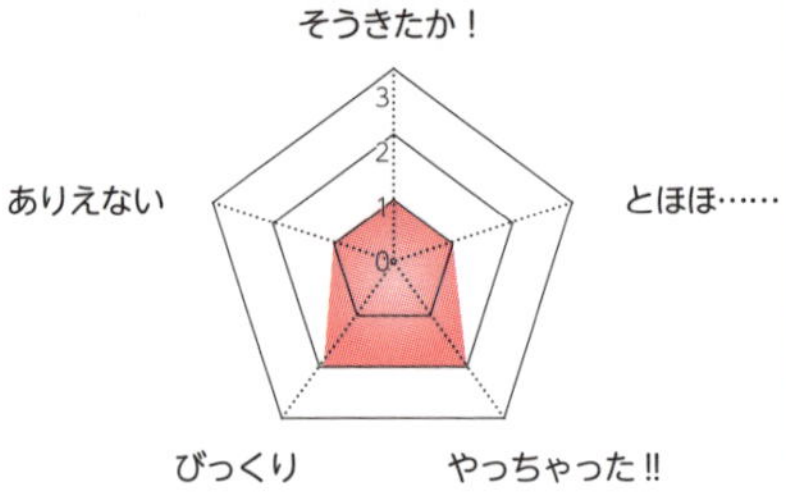

5

63歳《さい》の祖母《そぼ》はシャインマスカットが好《す》きだ。初《はじ》めて食《た》べたのは5歳《さい》のときだそうだ。

（誤《あやま》りは一《ひと》つ）

6

「あなたが盗《ぬす》んだのでは？」と警察官《けいさつかん》は短刀直《たんとうちょく》入《にゅう》に話《はなし》を始《はじ》めた。

（誤《あやま》りは一《ひと》つ）

問題《もんだい》

レベル
LEVEL
8

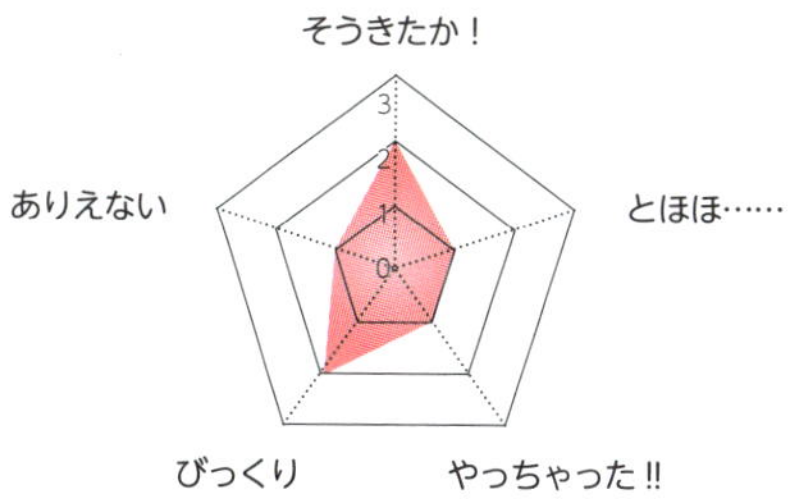

7

彼女《かのじょ》があんな男《おとこ》と付《つ》き合《あ》うとは。他《た》で食《く》う虫《むし》も好《す》き好《ず》きだ。

(誤《あやま》りは一《ひと》つ)

8

災害《さいがい》はいつ起《お》こるか分《わ》かりません。日《ひ》ごろから最新《さいしん》の注意《ちゅうい》が必要《ひつよう》です。

(誤《あやま》りは一《ひと》つ)

解《かい》答《とう》

5

63歳《さい》の祖《そ》母《ぼ》はシャインマスカットが好《す》きだ。初《はじ》めて食《た》べたのは5歳《さい》のときだそうだ。

現在《げんざい》63歳《さい》の祖《そ》母《ぼ》が5歳《さい》のときは1960年代《ねんだい》。農林水産省《のうりんすいさんしょう》によるとシャインマスカットは2000年代《ねんだい》に品種《ひんしゅ》登録《とうろく》されていて、一般的《いっぱんてき》にこの年齢《ねんれい》で食《た》べたとは考《かんが》えられません。祖《そ》母《ぼ》に確認《かくにん》が必要《ひつよう》

6

「あなたが盗《ぬす》んだのでは？」と警察官《けいさつかん》は短刀直入《たんとうちょくにゅう》に話《はなし》を始《はじ》めた。

「単刀直入《たんとうちょくにゅう》」が正《ただ》しい漢字《かんじ》。短《みじか》い刀《かたな》ではなく、一本《いっぽん》の刀《かたな》でまっすぐ敵陣《てきじん》に乗《の》り込《こ》むように、前置《まえお》きなくはっきり要点《ようてん》に切《き》り込《こ》むさまという意味《いみ》です

正解《せいかい》の数《かず》

／2

探《さが》してみよう　周囲《しゅうい》に問題《もんだい》と似《に》たような誤《あやま》りはありませんか？

見《み》つけた日《ひ》と場所《ばしょ》：

内容《ないよう》：

解《かい》答《とう》

7

彼女《かのじょ》があんな男《おとこ》と付《つ》き合《あ》うとは。他《た》で食《く》う虫《むし》も好《す》き好《ず》きだ。

「たで（蓼）食《たでく》う虫《むし》も好《す》き好《ず》き」が正解《せいかい》。「他《た》」ではありません。「たで」とは植物《しょくぶつ》の名前《なまえ》で、食《た》べると苦《にが》く辛《から》いことから、そんなものでも食《た》べる虫《むし》がいるように、好《この》みはさまざまという意味《いみ》です

8

災害《さいがい》はいつ起《お》こるか分《わ》かりません。日《ひ》ごろから最新《さいしん》の注意《ちゅうい》が必要《ひつよう》です。

「細心《さいしん》」が正《ただ》しい字《じ》。注意深《ちゅういぶか》く細《こま》かなところも見逃《みのが》さないという意味《いみ》です。「最新《さいしん》」は「最新《さいしん》の情報《じょうほう》に注意《ちゅうい》」などであれば問題《もんだい》ありません

正解《せいかい》の数《かず》

／2

レベルアップ あった？　なかった？

人《ひと》の記憶《きおく》はあいまいで歴史的事実《れきしてきじじつ》と食《く》い違《ちが》うことがあります。例《たと》えばスマートフォンが普及《ふきゅう》するのは2000年代後半《ねんだいこうはん》です。1990年代《ねんだい》に使《つか》っていた人《ひと》はいないと考《かんが》えられます。新幹線《しんかんせん》の開業《かいぎょう》は1964年《ねん》ですので、それ以前《いぜん》は原則《げんそく》として乗《の》れません。東京《とうきょう》スカイツリーの完成《かんせい》は2012年《ねん》ですので、特別《とくべつ》な事情《じじょう》がない限《かぎ》り、それ以前《いぜん》は入《はい》れなかったと考《かんが》えられます。

問題《もんだい》

レベル
LEVEL 10

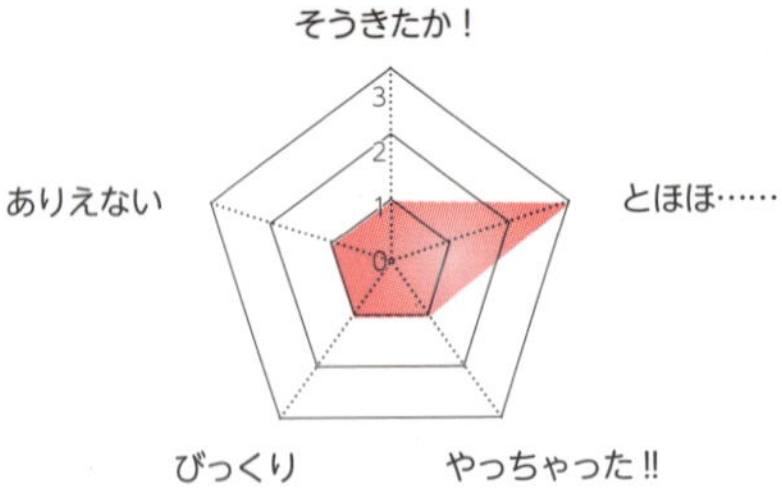

9

読売《よみうり》ジャイアンツを下《くだ》して埼玉西部《さいたませいぶ》ライオンズが優勝《ゆうしょう》した。

（誤《あやま》りは一《ひと》つ）

10

彼《かれ》は賢《かしこ》い。いつも的《まと》を得《え》た答《こた》えをくれる。今日《きょう》もそうだった。

（誤《あやま》りは一《ひと》つ）

問《もん》題《だい》

LEVEL《レベル》 12

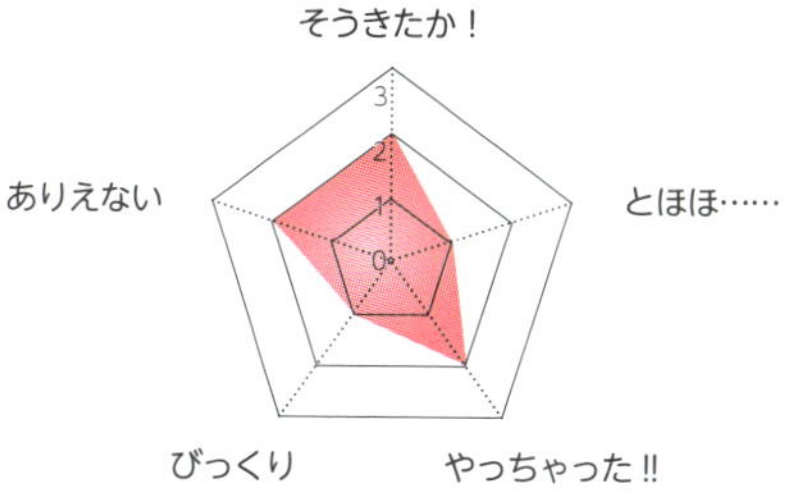

11

母《はは》が参《さん》議《ぎ》院《いん》議《ぎ》員《いん》選《せん》挙《きょ》で当《とう》選《せん》した。4年《ねん》の任《にん》期《き》で政《せい》治《じ》を変《か》えたいという。

（誤《あやま》りは一《ひと》つ）

12

4月《がつ》31日《にち》は、お父《とう》さんの誕《たん》生《じょう》日《び》だ。今年《ことし》は何《なに》をプレゼントしようかな。

（誤《あやま》りは一《ひと》つ）

9

読売《よみうり》ジャイアンツを下《くだ》して埼玉西部《さいたませいぶ》ライオンズが優勝《ゆうしょう》した。

「西武《せいぶ》」です。ちなみに西武《せいぶ》と同《おな》じ大手《おおて》私鉄《してつ》には「東武《とうぶ》」もあります

10

彼《かれ》は賢《かしこ》い。いつも的《まと》を得《え》た答《こた》えをくれる。今日《きょう》もそうだった。

「的《まと》を射《い》た」です。的《まと》は射《い》るもので得《え》るものではないといわれています

正解《せいかい》の数《かず》

／2

探《さが》してみよう 周囲《しゅうい》に問題《もんだい》と似《に》たような誤《あやま》りはありませんか？

見《み》つけた日《ひ》と場所《ばしょ》：

内容《ないよう》：

解答《かいとう》

11

母《はは》が参議院議員選挙《さんぎいんぎいんせんきょ》で当選《とうせん》した。4年《ねん》の任期《にんき》で政治《せいじ》を変《か》えたいという。

前《まえ》に「参議院議員《さんぎいんぎいん》」とあるので「6年《ねん》」が正解《せいかい》。参議院議《さんぎいんぎ》員《いん》の任期《にんき》は6年《ねん》で、衆議院議員《しゅうぎいんぎいん》は4年《ねん》です

12

4月《がつ》31日《にち》は、お父《とう》さんの誕生日《たんじょうび》だ。今年《ことし》は何《なに》をプレゼントしようかな。

2、4、6、9、11月《がつ》に31日《にち》はありません

正解《せいかい》の数《かず》

/2

レベルアップ 暦《こよみ》

暦《こよみ》といえば、月《つき》の満《み》ち欠《か》けで決《き》める旧暦《きゅうれき》に合《あ》わせた和風月名《わふうげつめい》があります。この機《き》会《かい》に覚《おぼ》えてみてください。睦月《むつき》（1月《がつ》）、如月《きさらぎ》（2月《がつ》）、弥生《やよい》（3月《がつ》）、卯月《うづき》（4月《がつ》）、皐月《さつき》（5月《がつ》）、水無月《みなづき》（6月《がつ》）、文月《ふづき》（7月《がつ》）、葉月《はづき》（8月《がつ》）、長月《ながつき》（9月《がつ》）、神無月《かんなづき》（10月《がつ》）、霜月《しもつき》（11月《がつ》）、師走《しわす》（12月《がつ》）。

問題《もんだい》

LEVEL 14

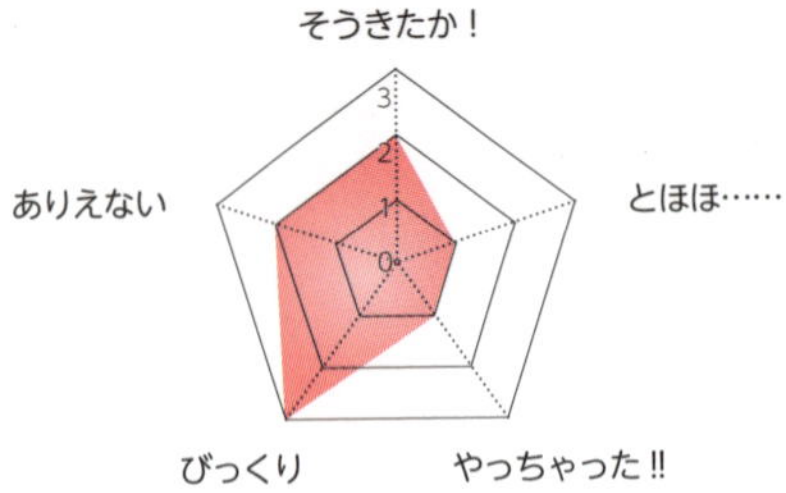

13

我《わ》が家《や》ではヤマダ電気《でんき》で買《か》ったキャノンのプリンターを長《なが》く使《つか》っている。

（誤《あやま》りは二《ふた》つ）

14

貯金《ちょきん》が底《そこ》を尽《つ》いた。これからしばらくは我慢《がまん》の日《ひ》々《び》が続《つづ》く。

（誤《あやま》りは二《ふた》つ）

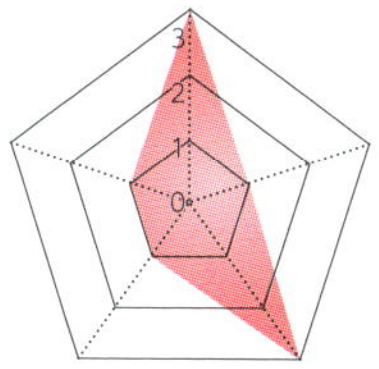
そうきたか！
とほほ……
やっちゃった!!
びっくり
ありえない
3
2
1
0

LEVEL《レベル》 16

問題《もんだい》

15

彼《かれ》はわがままだ。態度《たいど》も投《な》げ槍《やり》で、とてもリーダーに向《む》かない。率直《そっちょく》に言《い》って役不足《やくぶそく》だ。

（誤《あやま》りは二《ふた》つ）

16

あの学者《がくしゃ》は歯《は》に絹《きぬ》着《き》せぬ発言《はつげん》でよく論議《ろんぎ》をかもす。

（誤《あやま》りは二《ふた》つ）

解答《かいとう》

13

我《わ》が家《や》ではヤマダ電気《でんき》で買《か》ったキャノンのプリンターを長《なが》く使《つか》っている。

正解《せいかい》は「ヤマダデンキ」です。2020年《ねん》にヤマダ電機《でんき》から商号変更《しょうごうへんこう》しました。ちなみに現在《げんざい》のパナソニックの前身《ぜんしん》は「松下電器《まつしたでんき》」です

「キャノン」が正《ただ》しい社名《しゃめい》。「ヤ」は大《おお》きく書《か》きましょう

14

貯金《ちょきん》が底《そこ》を尽《つ》いた。これからしばらくは我漫《がまん》の日々《ひび》が続《つづ》く。

「底《そこ》を突《つ》いた」です。「尽《つ》きる」というイメージに引《ひ》っ張《ぱ》られないように注意《ちゅうい》しましょう

正《ただ》しくは「我慢《がまん》」です。なおマンガは「漫画《まんが》」です

正解《せいかい》の数《かず》

／4

探《さが》してみよう 周囲《しゅうい》に問題《もんだい》と似《に》たような誤《あやま》りはありませんか？

見《み》つけた日《ひ》と場所《ばしょ》：

内容《ないよう》：

解《かい》答《とう》

15

彼《かれ》はわがままだ。態《たい》度《ど》も投《な》げ槍《やり》で、とてもリーダーに向《む》かない。率《そっ》直《ちょく》に言《い》って役《やく》不《ぶ》足《そく》だ。

「投《な》げやり（投《な》げ遣《や》り）」です。槍《やり》を投《な》げるという意《い》味《み》ではなく、成《な》り行《ゆ》きまかせという意《い》味《み》です

「荷《に》が重《おも》い」「力《ちから》不《ぶ》足《そく》」などが適《てき》切《せつ》。「役《やく》不《ぶ》足《そく》」は実《じつ》力《りょく》に比《くら》べて役《やく》割《わり》が軽《かる》いことを意《い》味《み》するため、この文《ぶん》章《しょう》から考《かんが》えると、ここで用《もち》いるのは適《てき》切《せつ》ではありません

16

あの学《がく》者《しゃ》は歯《は》に絹《きぬ》着《き》せぬ発《はつ》言《げん》でよく論《ろん》議《ぎ》をかもす。

「歯《は》に衣《きぬ》着《き》せぬ」が正《せい》解《かい》。ものをはっきり言《い》うさまを指《さ》します。読《よ》みは同《おな》じですが「絹《きぬ》」ではありません

「論《ろん》議《ぎ》を呼《よ》ぶ」「物《ぶつ》議《ぎ》をかもす」が適《てき》切《せつ》。二《ふた》つを混《こん》同《どう》しがちなので注《ちゅう》意《い》してください

正《せい》解《かい》の数《かず》

／4

レベルアップ 企《き》業《ぎょう》名《めい》

コマーシャルや製《せい》品《ひん》を通《とお》して知《し》っている企《き》業《ぎょう》の名《な》前《まえ》にも、間《ま》違《ちが》いやすいものがあります。「ビックカメラ」は「ビッグ」ではありません。「キユーピー」の「ユ」は小《ちい》さくありません。「富《ふ》士《じ》フイルム」の「イ」も小《ちい》さくありません。またタイヤで知《し》られる「ブリヂストン」は「ジ」ではなく「ヂ」です。

問《もん》題《だい》

レベル
LEVEL
18

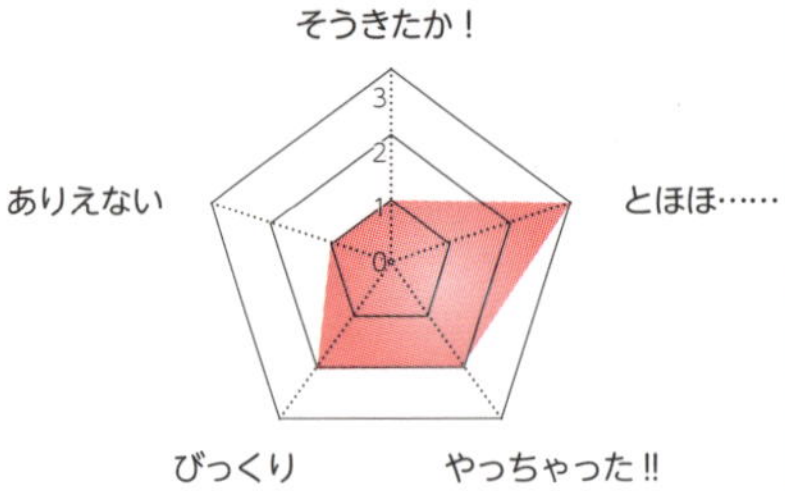
そうきたか！
とほほ……
やっちゃった!!
びっくり
ありえない
3
2
1
0

17

東京駅《とうきょうえき》で新幹線《しんかんせん》に乗《の》ると、品川駅《しながわえき》、横浜駅《よこはまえき》、名古屋駅《なごやえき》、京都駅《きょうとえき》に止《と》まり、新大坂駅《しんおおさかえき》に着《つ》いた。

（誤《あやま》りは二《ふた》つ）

18

千葉県《ちばけん》から茨木県《いばらきけん》に入《はい》った。どしゃぶりの雨《あめ》模様《もよう》の中《なか》、私《わたし》は友人《ゆうじん》が来《く》るのを待《ま》った。

（誤《あやま》りは二《ふた》つ）

問題《もんだい》

LEVEL《レベル》 20

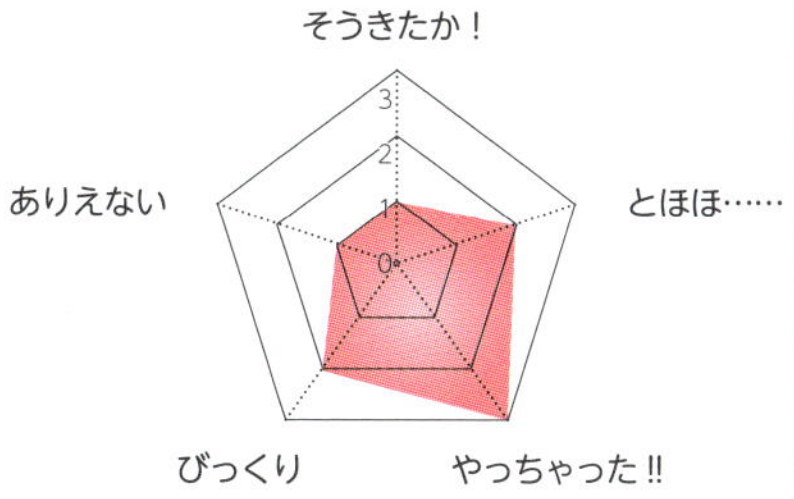

19

彼《かれ》は東京大学《とうきょうだいがく》を主席《しゅせき》で卒業《そつぎょう》した後《あと》、身入《みい》りのいい仕事《しごと》を探《さが》した。

（誤《あやま》りは二《ふた》つ）

20

祖父《そふ》から稼業《かぎょう》の花屋《はなや》を継《つ》いだおばは、年《とし》のせいか間接《かんせつ》が痛《いた》いとよくこぼす。

（誤《あやま》りは二《ふた》つ）

解答《かいとう》

17

東京駅《とうきょうえき》で新幹線《しんかんせん》に乗《の》ると、品川駅《しながわえき》、横浜駅《よこはまえき》、名古屋駅《なごやえき》、京都駅《きょうとえき》に止《と》まり、新大坂駅《しんおおさかえき》に着《つ》いた。

「新横浜駅《しんよこはまえき》」が正解《せいかい》。横浜駅《よこはまえき》に新幹線《しんかんせん》は止《と》まりません

「新大阪駅《しんおおさかえき》」が正《ただ》しい駅名《えきめい》。「おおさか」は時代《じだい》や物事《ものごと》によって「大阪《おおさか》」と書《か》くこともあれば「大坂《おおさか》」と書《か》くこともあります。注《ちゅう》意《い》しましょう

18

千葉県《ちばけん》から茨木県《いばらきけん》に入《はい》った。どしゃぶりの雨《あめ》模様《もよう》の中《なか》、私《わたし》は友人《ゆうじん》が来《く》るのを待《ま》った。

「茨城県《いばらきけん》」です。ちなみに大阪《おおさか》府《ふ》にあるのは「茨木市《いばらきし》」です

前《まえ》に「どしゃぶり」とあるので「雨《あめ》」だけで十分《じゅうぶん》。「雨模様《あめもよう》」とは本来《ほんらい》、今《いま》にも雨《あめ》が降《ふ》りそうな状況《じょうきょう》です

正解《せいかい》の数《かず》

／4

探《さが》してみよう

周囲《しゅうい》に問題《もんだい》と似《に》たような誤《あやま》りはありませんか？

見《み》つけた日《ひ》と場所《ばしょ》：

内容《ないよう》：

解答《かいとう》

19

彼《かれ》は東京大学《とうきょうだいがく》を主席《しゅせき》で卒業《そつぎょう》した後《あと》、身入《みい》りのいい仕事《しごと》を探《さが》した。

「首席《しゅせき》」です。前《まえ》に東京大学《とうきょうだいがく》とあることから最《もっと》も優《すぐ》れた成績《せいせき》の人《ひと》などを指《さ》す「首席《しゅせき》」と考《かんが》えられます。「主席《しゅせき》」は国《くに》や政《せい》党《とう》の代表《だいひょう》です

この場合《ばあい》は「実入《みい》り」です。「実入《みい》り」とは穀物《こくもつ》の実《み》が熟《じゅく》すことや実《み》の入《はい》り具合《ぐあい》を表《あらわ》す一方《いっぽう》で、収入《しゅうにゅう》やもうけも意味《いみ》します。「身入《みい》り」は魚介類《ぎょかいるい》などの肉《にく》のつき具合《ぐあい》を指《さ》します

20

祖父《そふ》から稼業《かぎょう》の花屋《はなや》を継《つ》いだおばは、年《とし》のせいか間接《かんせつ》が痛《いた》いとよくこぼす。

前《まえ》に「祖父《そふ》」、後《あと》に「継《つ》いだ」とあることから「家業《かぎょう》」が正《ただ》しいと考《かんが》えられます。「稼業《かぎょう》」は職業《しょくぎょう》や仕事《しごと》という意味《いみ》で、「家《か》業《ぎょう》」はその家《いえ》が代々《だいだい》してきた職《しょく》業《ぎょう》や仕事《しごと》の意味《いみ》

「関節《かんせつ》」が正解《せいかい》。「間接《かんせつ》」は間《あいだ》に何《なに》かを置《お》いた状態《じょうたい》で物《もの》事《ごと》が行《おこな》われることで、ここでは「おば」「痛《いた》い」などとあることから骨《ほね》がつながっている部《ぶ》分《ぶん》の「関節《かんせつ》」です

正解《せいかい》の数《かず》

／4

レベルアップ　地名《ちめい》（国内《こくない》）

地名《ちめい》には注意《ちゅうい》が不可欠《ふかけつ》です。例《たと》えば「群馬県《ぐんまけん》」は「郡《ぐん》」ではありません。温泉《おんせん》で有名《ゆうめい》なのは群馬県草津町《ぐんまけんくさつまち》で、滋賀県草津市《しがけんくさつし》ではありません。慶応義塾大学《けいおうぎじゅくだいがく》があるのは東京都港区三田《とうきょうとみなとくみた》で兵庫県三田市《ひょうごけんさんだし》ではありません。また匝瑳市《そうさし》（千葉県《ちばけん》）、珠洲市《すずし》（石川県《いしかわけん》）、常滑市《とこなめし》（愛知県《あいちけん》）、鳥栖市《とすし》（佐賀県《さがけん》）など、地名《ちめい》には読《よ》み方《かた》が難《むずか》しいものが少《すく》なくありません。

問《もん》題《だい》

レベル
LEVEL
22

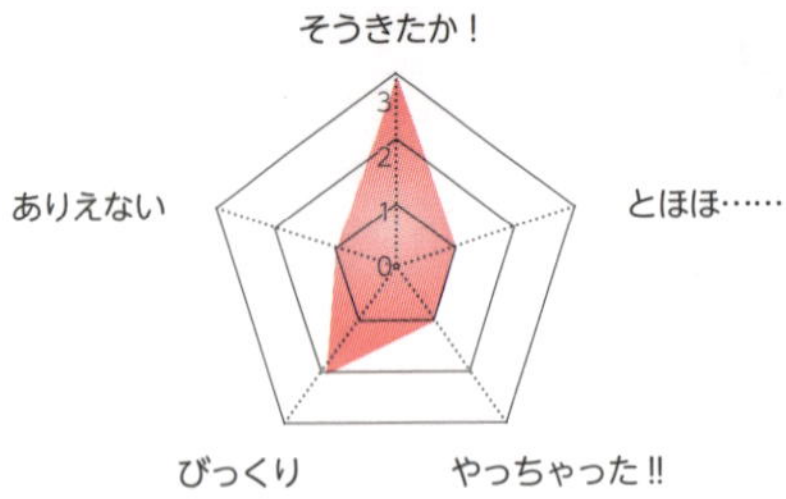

21

財布《さいふ》が固《かた》い客《きゃく》を相手《あいて》に、ぼくは無我無中《むがむちゅう》で商品《しょうひん》を売《う》り込《こ》んだ。

（誤《あやま》りは二《ふた》つ）

22

あのアイドルは人気《にんき》が加熱《かねつ》し、チケットも入手《にゅうしゅ》しにくくなっている。まさに高値《たかね》の花《はな》だ。

（誤《あやま》りは二《ふた》つ）

問題《もんだい》

LEVEL《レベル》 24

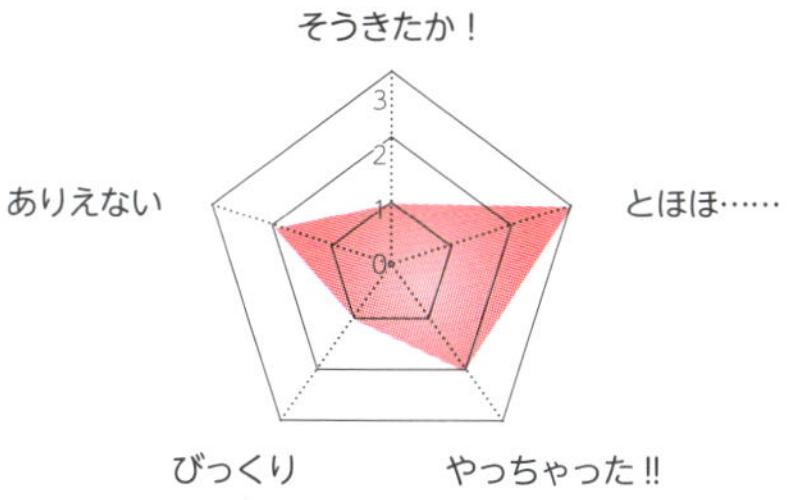

23

「学問《がくもん》とは真理《しんり》の追及《ついきゅう》だ」とテレビで専門家《せんもんか》が言《い》っていた。

（誤《あやま》りは二《ふた》つ）

24

案《あん》の上《じょう》、木村《きむら》さんは絶対絶命《ぜったいぜつめい》のピンチに陥《おちい》ってしまった。

（誤《あやま》りは二《ふた》つ）

解《かい》答《とう》

21

財布《さいふ》が固《かた》い客《きゃく》を相手《あいて》に、ぼくは無我無中《むがむちゅう》で商品《しょうひん》を売《う》り込《こ》んだ。

「財布《さいふ》のひもが固《かた》い」が正《ただ》しく、簡《かん》単《たん》にはお金《かね》を使《つか》わないという意《い》味《み》。「財布《さいふ》のひもがゆるむ（無駄《むだ》な出費《しゅっぴ》をする）」などの言《い》い方《かた》もあります

「無我夢中《むがむちゅう》」です。あることに心《こころ》を奪《うば》われた状況《じょうきょう》のことです。「無《む》」ではなく「夢《む》」です

22

あのアイドルは人気《にんき》が加熱《かねつ》し、チケットも入手《にゅうしゅ》しにくくなっている。まさに高値《たかね》の花《はな》だ。

「過熱《かねつ》」が正解《せいかい》。「加熱《かねつ》」は熱《ねつ》を加《くわ》えること。「過熱《かねつ》」は熱《ねっ》しすぎることです

「高嶺《たかね》の花《はな》」です。「高嶺《たかね》」とは高《たか》い峰《みね》（山《やま》の頂上《ちょうじょう》のとがった部分《ぶぶん》）。「高根《たかね》」とも書《か》きます。遠《とお》くから見《み》てあこがれるだけで、手《て》が届《とど》かないものを意味《いみ》します

正解《せいかい》の数《かず》

／4

探《さが》してみよう　周囲《しゅうい》に問題《もんだい》と似《に》たような誤《あやま》りはありませんか？

見《み》つけた日《ひ》と場所《ばしょ》：

内容《ないよう》：

解答《かいとう》

23

「学問《がくもん》とは真理《しんり》の追及《ついきゅう》だ」とテレビで専門家《せんもんか》が言《い》っていた。

真理《しんり》を極《きわ》めるのは「追究《ついきゅう》」です。追《お》い求《もと》めるのが「追求《ついきゅう》」でこれも誤《あやま》りとは言《い》えません。追《お》い詰《つ》めて責任《せきにん》を問《と》うのが「追及《ついきゅう》」で、この場面《ばめん》では不適切《ふてきせつ》です

「専門家《せんもんか》」が正《ただ》しい字《じ》

24

案《あん》の上《じょう》、木村《きむら》さんは絶対絶命《ぜったいぜつめい》のピンチに陥《おちい》ってしまった。

「案《あん》の定《じょう》」が正解《せいかい》。予想《よそう》していたとおりという意味《いみ》

正《ただ》しくは「絶体絶《ぜったいぜつ》命《めい》」。「絶対《ぜったい》」と間違《まちが》えがちなので気《き》を付《つ》けてください

正解《せいかい》の数《かず》

／4

レベルアップ 年齢《ねんれい》

少《すこ》し前《まえ》の問題《もんだい》に「未成年《みせいねん》」という言葉《ことば》が出《で》てきましたが、2022年《ねん》4月《がつ》から成人《せいじん》年齢《ねんれい》が20歳《さい》から18歳《さい》に引《ひ》き下《さ》げられました。ただし飲酒《いんしゅ》・喫煙《きつえん》はそれまで通《どお》り、20歳《さい》から認《みと》められます。ちなみに年齢《ねんれい》にまつわるものに長寿《ちょうじゅ》の祝《いわ》いがあります。次《つぎ》の通《とお》りです。還暦《かんれき》（本来《ほんらい》は数《かぞ》え年《どし》61歳《さい》。実際《じっさい》には満《まん》60歳《さい》の誕生日《たんじょうび》によくお祝《いわ》いされます）、古希《こき》（70歳《さい》）、喜寿《きじゅ》（77歳《さい》）、傘寿《さんじゅ》（80歳《さい》）、米寿《べいじゅ》（88歳《さい》）、卒寿《そつじゅ》（90歳《さい》）、白寿《はくじゅ》（99歳《さい》）。

大人《おとな》と一緒《いっしょ》に読《よ》もう

「まさか!?」の間違《まちが》い

「ようこそTokyo」「Love Tokyo」「Tokyoで会《あ》おう」「あなたの街《まち》Tokyo」「Toykoでもう一度《いちど》」「Tokyo大好《だいす》き」「Tokyoの魅力《みりょく》は？」。一《いっ》か所《しょ》だけTokyoがToykoになっていることに気《き》づきましたか？ 人《ひと》の目《め》はおもしろいもので、同《おな》じような文言《もんごん》が続《つづ》くと誤《あやま》りを見逃《みのが》しがちです。

では次《つぎ》の文章《ぶんしょう》はどうでしょうか。「トイレについてアンケートをとると次《つぎ》のような声《こえ》が多《おお》く寄《よ》せられた。『トイレが汚《きたな》い』『トイレに入《はい》りにくい』『トイレがくさい』『トイレをきれいにしたい』。トレイについて、私《わたし》たちはもっと考《かんが》えなければならない」。気《き》がつきましたか？ 最後《さいご》のトイレが「トレイ」になっています。文章《ぶんしょう》を確認《かくにん》するときは、このような「まさか!?」の間違《まちが》いがあるものと心《こころ》にとめておいてください。

また次《つぎ》のような「まさか!?」の間違《まちが》いもあります。「わたしは昨年《さくねん》の秋《あき》、パリから口ーマに行《い》き、その後《ご》、ベルリンに行《い》った」「ダイコンと二ンジンを二本《にほん》買《か》った」。どこが誤《あやま》りか分《わ》かりますか？ 前者《ぜんしゃ》はローマの「ロ」が漢字《かんじ》の「口《くち》」になっています。後者《こうしゃ》はニンジンの「ニ」が漢数字《かんすうじ》の「二《に》」になっています。よく似《に》ているので気《き》をつけてください。

練《れん》習《しゅう》編《へん》

問題《もんだい》

レベル
LEVEL
25

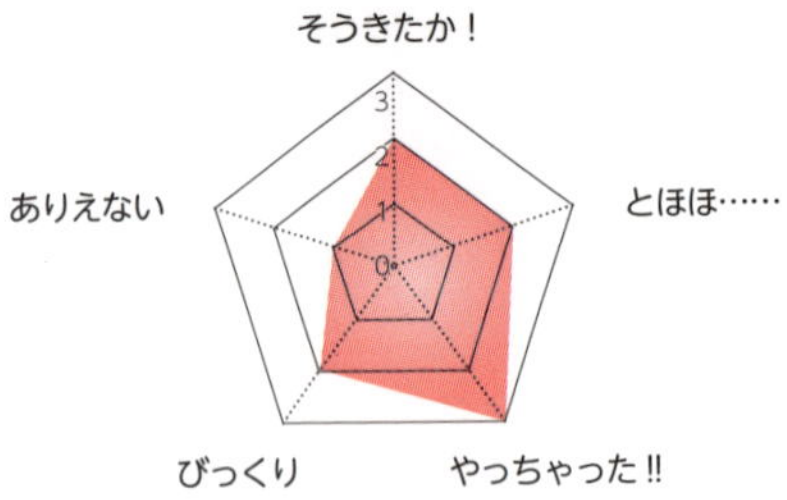

1

元旦《がんたん》の朝《あさ》、ぼくは決意《けつい》した。過去《かこ》を精算《せいさん》して、前《まえ》向《む》きに生《い》きていこう。もちろん完璧《かんぺき》なんて求《もと》めない。不格好《ぶかっこう》でもいい。どんな形《かたち》であれ、自分《じぶん》らしく生《い》きていくのだ。

（誤《あやま》りは三《みっ》つ）

問題《もんだい》

レベル
LEVEL
26

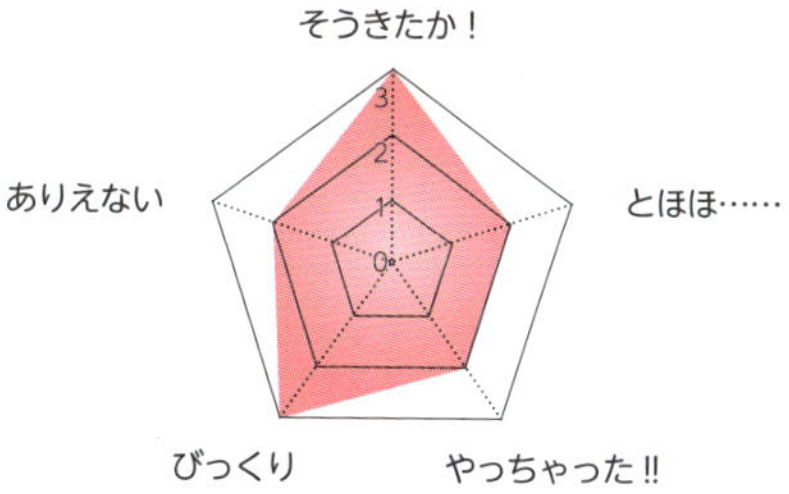

2

ワクチンの摂取《せっしゅ》をした後《あと》、病院《びょういん》で看護士《かんごし》さんと世《せ》間話《けんばなし》をした。現在《げんざい》、無職《むしょく》で休職中《きゅうしょくちゅう》と話《はな》すと「無理《むり》をしないでくださいね」と言《い》われた。

（誤《あやま》りは三《みっ》つ）

解《かい》答《とう》

1

元旦《がんたん》の朝《あさ》、ぼくは決意《けつい》した。過去《かこ》を精算《せいさん》して、前《まえ》向《む》きに生《い》きていこう。もちろん完壁《かんぺき》なんて求《もと》めない。不格好《ぶかっこう》でもいい。どんな形《かたち》であれ、自分《じぶん》らしく生《い》きていくのだ。

「元旦《がんたん》」は元日《がんじつ》の朝《あさ》なので「朝《あさ》」は不要《ふよう》。「元日《がんじつ》の朝《あさ》」、もしくは「元旦《がんたん》」だけが適切《てきせつ》です

正《ただ》しくは「清算《せいさん》」です。「精算《せいさん》」は金額《きんがく》などを細《こま》かく計算《けいさん》して結果《けっか》を出《だ》すことで、「清算《せいさん》」は過去《かこ》の関係《かんけい》を解消《かいしょう》すること、おたがいの貸《か》し借《か》りを計算《けいさん》してきまりをつけることなどの意味《いみ》があります

「完壁《かんかべ》」ではなく「完璧《かんぺき》」です。「璧《へき》」は玉《たま》（宝石《ほうせき》など美《うつく》しく価値《かち》ある石《いし》）や、玉《たま》のようにりっぱなものという意味《いみ》です

正解《せいかい》の数《かず》

／3

探《さが》してみよう 周囲《しゅうい》に問題《もんだい》と似《に》たような誤《あやま》りはありませんか？

見《み》つけた日《ひ》と場所《ばしょ》：

内容《ないよう》：

解《かい》答《とう》

2

ワクチンの摂取《せっしゅ》をした後《あと》、病院《びょういん》で看護士《かんごし》さんと世《せ》間話《けんばなし》をした。現在《げんざい》、無職《むしょく》で休職中《きゅうしょくちゅう》と話《はな》すと「無理《むり》をしないでくださいね」と言《い》われた。

（誤《あやま》りは三《みっ》つ）

「接種《せっしゅ》」です。「摂取《せっしゅ》」は取《と》り込《こ》んで自分《じぶん》のものにすることで、ワクチンなどを体《からだ》に移《うつ》すことは「接種《せっしゅ》」です

「看護師《かんごし》」が今《いま》の職名《しょくめい》です

前《まえ》に「無職《むしょく》」とあるため、ここは仕事《しごと》を探《さが》しているという意味《いみ》の「求職中《きゅうしょくちゅう》」と考《かんが》えられます。「休職《きゅうしょく》」は、事情《じじょう》があって仕事《しごと》を長《なが》い期間休《きかんやす》むことです

正解《せいかい》の数《かず》

／3

レベルアップ 師《し》？　士《し》？

看護師以外《かんごしいがい》にも「師《し》」や「士《し》」がつく職業《しょくぎょう》や資格《しかく》は多数《たすう》あります。どちらが正《ただ》しいのかおさらいしてみましょう。医師《いし》、獣医師《じゅういし》、歯科医師《しかいし》、臨床心理士《りんしょうしんりし》、薬剤師《やくざいし》、介護士《かいごし》、保育士《ほいくし》、調理師《ちょうりし》、弁護士《べんごし》、公認会計士《こうにんかいけいし》、司法書士《しほうしょし》、税理士《ぜいりし》、行政書士《ぎょうせいしょし》、美容師《びようし》、理容師《りようし》、航海士《こうかいし》、建築士《けんちくし》、測量士《そくりょうし》、不動産鑑定士《ふどうさんかんていし》……参考《さんこう》になりましたか？

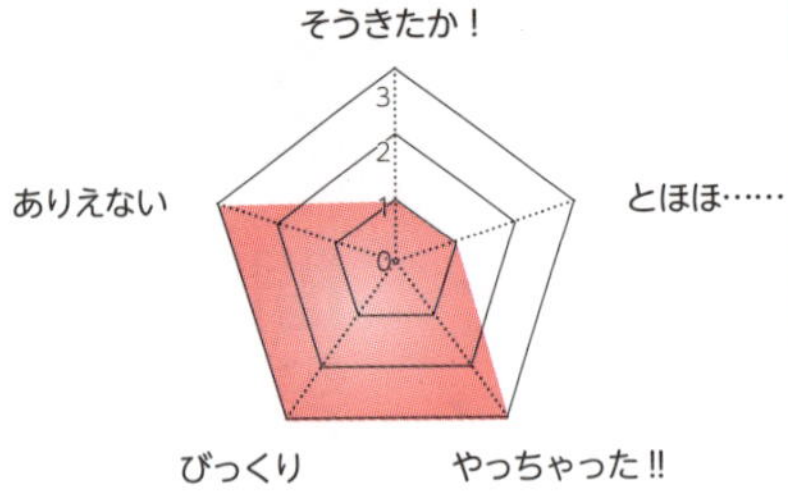

レベル
LEVEL
27

問題《もんだい》

3

過《あやま》ちを繰《く》り返《かえ》してはならない。先生《せんせい》たちは異句同《いくどう》音《おん》にそう言《い》った。私《わたし》は先生《せんせい》たちの言葉《ことば》を肝《きも》に命《めい》じて、その後《ご》の学校生活《がっこうせいかつ》を過《す》ごした。おかげで平温《へいおん》な日々《ひび》だった。

（誤《あやま》りは三《みっ》つ）

問《もん》題《だい》

レベル
LEVEL
28

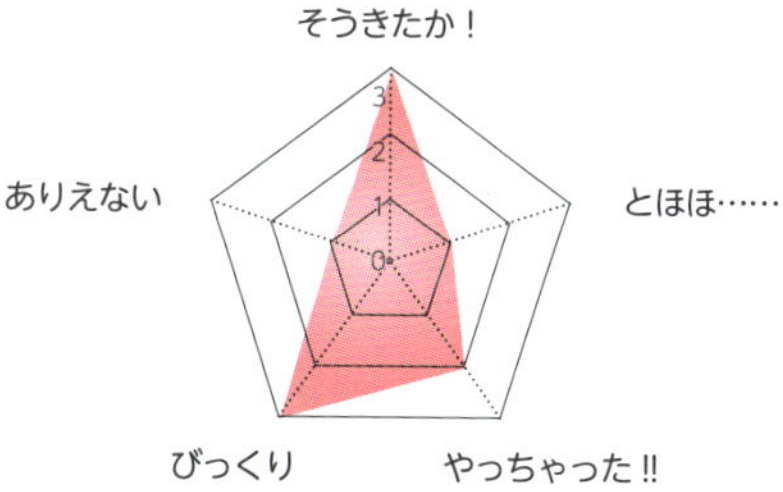

4

孤立無縁《こりつむえん》の大《だい》ピンチ！　そこに登場《とうじょう》したのは主人《しゅじん》公《こう》のヒーロー!!　あっという間《ま》に形成《けいせい》は逆転《ぎゃくてん》。主《しゅ》人公役《じんこうやく》の俳優《はいゆう》が降番《こうばん》したことで話題《わだい》になった映画《えいが》だが、内容《ないよう》は悪《わる》くなかった。

（誤《あやま》りは三《みっ》つ）

解答《かいとう》

3

過《あやま》ちを繰《く》り返《かえ》してはならない。先生《せんせい》たちは異句同《いくどう》音《おん》にそう言《い》った。私《わたし》は先生《せんせい》たちの言葉《ことば》を肝《きも》に命《めい》じて、その後《ご》の学校生活《がっこうせいかつ》を過《す》ごした。おかげで平温《へいおん》な日々《ひび》だった。

「異口同音《いくどうおん》」です。多《おお》くの人《ひと》がみな、口《くち》をそろえて同《おな》じようなことを言《い》うという意味《いみ》なので「口《くち》」と覚《おぼ》えてください

「肝《きも》に銘《めい》じて」が正解《せいかい》。「銘《めい》」には書《か》きとめる、刻《きざ》み付《つ》けるといった意味《いみ》があります。「肝《きも》に銘《めい》じる」とは心《こころ》に深《ふか》く刻《きざ》み付《つ》けるという意味《いみ》

文章《ぶんしょう》から考《かんが》えて「平穏《へいおん》」が正《ただ》しい字《じ》。静《しず》かで穏《おだ》やかなさまが「平穏《へいおん》」。「平温《へいおん》」は平均的《へいきんてき》な気温《きおん》や体温《たいおん》を意味《いみ》します

正解《せいかい》の数《かず》

／3

探《さが》してみよう 周囲《しゅうい》に問題《もんだい》と似《に》たような誤《あやま》りはありませんか？

見《み》つけた日《ひ》と場所《ばしょ》：

内容《ないよう》：

解《かい》答《とう》

4

孤立無縁《こりつむえん》の大《だい》ピンチ！　そこに登場《とうじょう》したのは主人《しゅじん》公《こう》のヒーロー‼　あっという間《ま》に形成《けいせい》は逆転《ぎゃくてん》。主《しゅ》人公役《じんこうやく》の俳優《はいゆう》が降番《こうばん》したことで話題《わだい》になった映画《えいが》だが、内容《ないよう》は悪《わる》くなかった。

「孤立無援《こりつむえん》」です。頼《たよ》るものがなく、一人《ひとり》で助《たす》けのない様子《ようす》。「無縁《むえん》（縁《えん》がない）」ではありません

「形勢《けいせい》」が正解《せいかい》。「形勢《けいせい》」は事《こと》のなりゆきや情勢《じょうせい》を指《さ》します。「形成《けいせい》」は形作《かたちづく》るという意味《いみ》です

ここでは役《やく》を降《お》りるという意味《いみ》で用《もち》いられているので「降板《こうばん》」が正解《せいかい》。野球《やきゅう》で投手《とうしゅ》が退《しりぞ》くときも「降板《こうばん》」といいます。反対《はんたい》は「登板《とうばん》」です

正解《せいかい》の数《かず》

／3

レベルアップ 誤変換《ごへんかん》

スマートフォンなどで文字《もじ》を打《う》ち、出《で》てきた候補《こうほ》を選《えら》び間違《まちが》えることを誤変換《ごへんかん》といいます。例《たと》えば「週末《しゅうまつ》」を「終末《しゅうまつ》」としてしまうことです。親《した》しい間柄《あいだがら》なら笑《わら》ってすませられますが、そうでないと問題《もんだい》になりかねません。「法治国家《ほうちこっか》」が「放置国家《ほうちこっか》」に、「学校《がっこう》で待《ま》っている」が「学校《がっこう》で舞《ま》っている」、「返信《へんしん》してください」が「変身《へんしん》してください」など……注意《ちゅうい》してください。

問題《もんだい》 レベル LEVEL 29

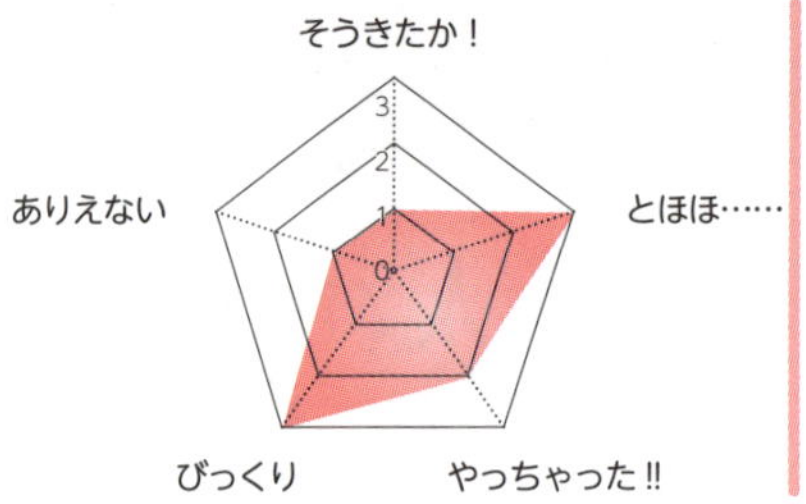

5

姉《あね》はカピパラが好《す》きで、部屋中《へやじゅう》にぬいぐるみを置《お》いている。ベットにもぬいぐるみが置《お》いてある。先日《せんじつ》、貯金《ちょきん》を切《き》り崩《くず》して、世界《せかい》でたった一《ひと》つという貴重《きちょう》なぬいぐるみを手《て》に入《い》れた。

（誤《あやま》りは三《みっ》つ）

問題《もんだい》

レベル
LEVEL 30

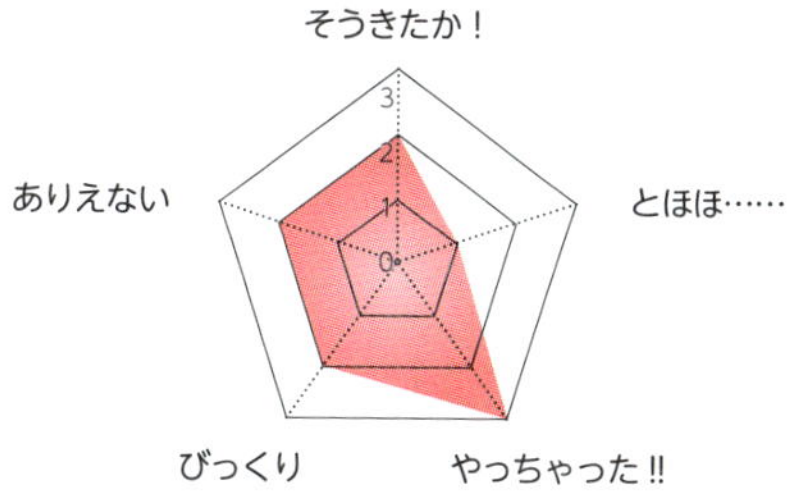

6

斎藤《さいとう》さんは碁《ご》が強《つよ》く、碁《ご》のプロを目指《めざ》していたという。夢《ゆめ》は竜王《りゅうおう》だったそうだ。一方《いっぽう》の私《わたし》は弱《よわ》い。二人《ふたり》で碁《ご》を指《さ》していたら、あっさり負《ま》けてしまった。刃《は》が立《た》たなかった。

（誤《あやま》りは三《みっ》つ）

5

姉《あね》はカピパラが好《す》きで、部屋中《へやじゅう》にぬいぐるみを置《お》いている。ベットにもぬいぐるみが置《お》いてある。先日《せんじつ》、貯金《ちょきん》を切《き》り崩《くず》して、世界《せかい》でたった一《ひと》つという貴重《きちょう》なぬいぐるみを手《て》に入《い》れた。

正《ただ》しくは「カピバラ」。ネズミの仲間《なかま》の動物《どうぶつ》です

「ベッド」です

貯金《ちょきん》は「取《と》り崩《くず》す」が適切《てきせつ》です。「切《き》り崩《くず》す」は切《き》ったり削《けず》ったりして元《もと》の形《かたち》を失《うしな》わせることで、「取《と》り崩《くず》す」は、ためたものを取《と》ってなくすことです

正解《せいかい》の数《かず》

／3

探《さが》してみよう 周囲《しゅうい》に問題《もんだい》と似《に》たような誤《あやま》りはありませんか？

見《み》つけた日《ひ》と場所《ばしょ》：

内容《ないよう》：

解《かい》答《とう》

6

斎藤《さいとう》さんは碁《ご》が強《つよ》く、碁《ご》のプロを目指《めざ》していたという。夢《ゆめ》は竜王《りゅうおう》だったそうだ。一方《いっぽう》の私《わたし》は弱《よわ》い。二人《ふたり》で碁《ご》を指《さ》していたら、あっさり負《ま》けてしまった。刃《は》が立《た》たなかった。

前《まえ》に「碁《ご》のプロ」とあるため、碁《ご》のタイトル戦《せん》の一《ひと》つである「本因坊《ほんいんぼう》戦《せん》」の勝者《しょうしゃ》「本因坊《ほんいんぼう》」などが正《ただ》しいと考《かんが》えられます。「竜王《りゅうおう》」は将棋《しょうぎ》のタイトル戦「竜王戦《りゅうおうせん》」の勝者《しょうしゃ》のことです

「打《う》っていた」が正解《せいかい》。碁《ご》は「打《う》つ」、将棋《しょうぎ》は「指《さ》す」と表現《ひょうげん》されます

「歯《は》が立《た》たなかった」が正解《せいかい》。「刃《は》」ではありません

正解《せいかい》の数《かず》

／3

レベルアップ カタカナ表記《ひょうき》

カタカナ表記《ひょうき》はもとの外国語《がいこくご》を考《かんが》えると誤《あやま》りを防《ふせ》げます。人間《にんげん》ドックのドックは船《ふね》の修理《しゅうり》などをする英語《えいご》の「dock」なので「ドッグ」ではありません。他《ほか》にエキシビション（英語《えいご》のexhibition、「エキシビジョン」ではない）、シミュレーション（英語《えいご》のsimulation、「シュミレーション」ではない）、アボカド（英語《えいご》のavocado、「アボガド」ではない）などがあります。

問題《もんだい》

レベル《》
LEVEL 31

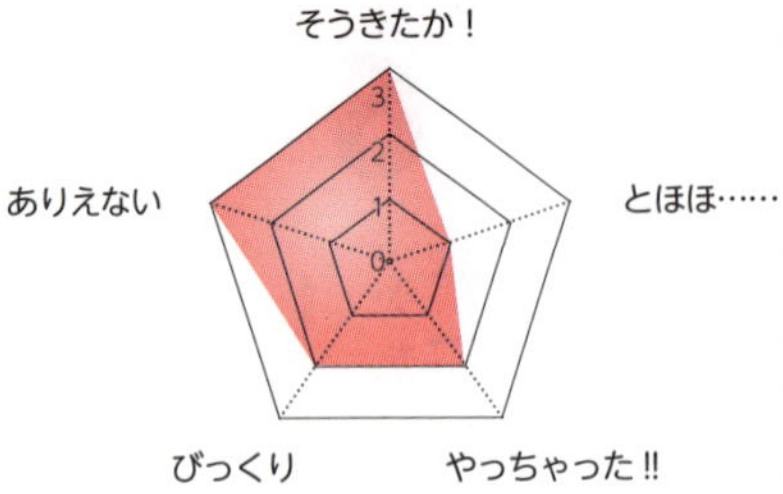

7

ぼくの班《はん》には東京都《とうきょうと》、静岡県《しずおかけん》、群馬県《ぐんまけん》、岐阜県《ぎふけん》、京都府《きょうとふ》と六《むっ》つの都道府県《とどうふけん》の出身者《しゅっしんしゃ》がいる。先日《せんじつ》、あるメンバーが、地元《じもと》のようかんを一貫《いっかん》持《も》ってきた。

（誤《あやま》りは三《みっ》つ）

問題《もんだい》

レベル LEVEL 32

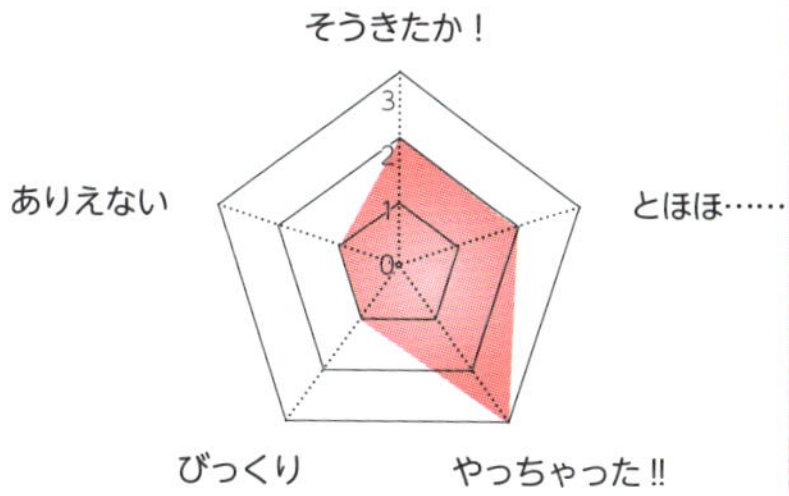

8

過半数《かはんすう》を超《こ》える賛成《さんせい》を得《え》て、私《わたし》の長年《ながねん》の企画《きかく》が通《とお》った。私《わたし》は喜《よろこ》びをかみしめながら浜松町駅《はままつちょうえき》から山手線《やまのてせん》に乗《の》って、高輪《たかなわ》ゲートウエー駅《えき》で降《お》りた。そして、そこで人生感《じんせいかん》を変《か》えるできごとが起《お》こった。

（誤《あやま》りは三《みっ》つ）

7

ぼくの班《はん》には東京都《とうきょうと》、静岡県《しずおかけん》、群馬県《ぐんまけん》、岐阜県《ぎふけん》、京都府《きょうとふ》と六《む》つの都道府県《とどうふけん》の出身者《しゅっしんしゃ》がいる。先日《せんじつ》、あるメンバーが、地元《じもと》のようかんを一貫《いっかん》持《も》ってきた。

前《まえ》に五《いつ》つしかないため、ここは「五《いつ》つ」が正《ただ》しいと考《かんが》えられます

前《まえ》に北海道《ほっかいどう》がないため「都府県《とふけん》」が適切《てきせつ》

ようかんを数《かぞ》える際《さい》は一本《いっぽん》、一《ひと》さおなどと言《い》います。「貫《かん》」は、すしなどに用《もち》いられます

正解《せいかい》の数《かず》

／3

探《さが》してみよう 周囲《しゅうい》に問題《もんだい》と似《に》たような誤《あやま》りはありませんか？

見《み》つけた日《ひ》と場所《ばしょ》：

内容《ないよう》：

解《かい》答《とう》

8

過半数《かはんすう》を超《こ》える賛成《さんせい》を得《え》て、私《わたし》の長年《ながねん》の企画《きかく》が通《とお》った。私《わたし》は喜《よろこ》びをかみしめながら浜松町駅《はままつちょうえき》から山手線《やまのてせん》に乗《の》って、高輪《たかなわ》ゲートウエー駅《えき》で降《お》りた。そして、そこで人生感《じんせいかん》を変《か》えるできごとが起《お》こった。

「過半数《かはんすう》」に半数《はんすう》を超《こ》えるという意味《いみ》があるため「半数《はんすう》を超《こ》える」もしくは「過半数《かはんすう》の」が適切《てきせつ》

「高輪《たかなわ》ゲートウェイ駅《えき》」が正《ただ》しい表記《ひょうき》。約《やく》50年《ねん》ぶりの山手線《やまのてせん》の新駅《しんえき》として2020年《ねん》に開業《かいぎょう》しました

「人生観《じんせいかん》」が正解《せいかい》。人生《じんせい》についての見方《みかた》という意味《いみ》です。「感《かん》」ではなく「観《かん》」です。他《ほか》に「価値観《かちかん》」「死生観《しせいかん》」なども「感《かん》」ではなく「観《かん》」です

正解《せいかい》の数《かず》

／3

レベルアップ 数《かぞ》え方《かた》

「自動車《じどうしゃ》が１台《だい》」の「台《だい》」、「ハンカチが１枚《まい》」の「枚《まい》」など、ものの数量《すうりょう》を表《あらわ》すときに、数《かず》につけるものを助数詞《じょすうし》といいます。数《かぞ》えるものやその状態《じょうたい》などによって変化《へんか》し、同《おな》じものでも複数《ふくすう》の助数詞《じょすうし》があることが少《すく》なくありません。例《たと》えば、家《いえ》は１戸《こ》、１軒《けん》、１棟《とう》（１棟《ひとむね》）などが一般的《いっぱんてき》です。弁当《べんとう》は１食《しょく》、１個《こ》などと数《かぞ》えます。

問題《もんだい》

レベル
LEVEL
33

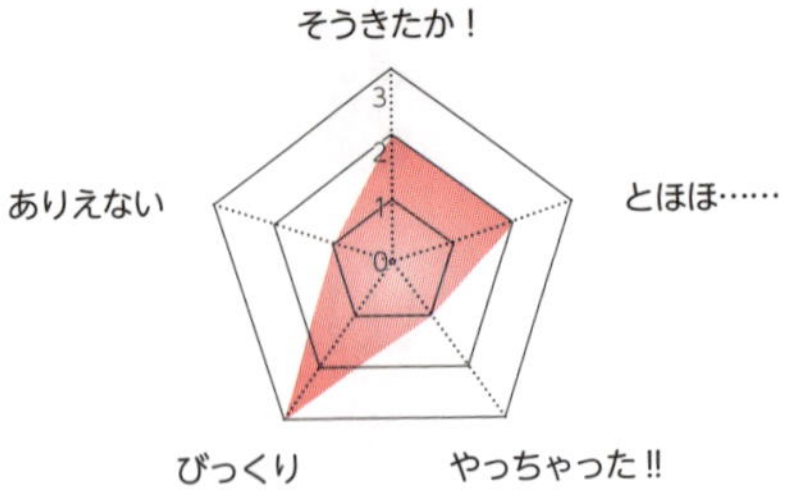

9

運動会《うんどうかい》の徒競争《ときょうそう》でよい結果《けっか》を出《だ》せず落《お》ち込《こ》むぼくに、母《はは》は「気《き》にしなくても大丈夫《だいじょうぶ》！」と喝《かつ》を入《い》れてくれた。対称的《たいしょうてき》に父《ちち》は「なんでもっと速《はや》く走《はし》れないんだ」と怒鳴《どな》った。

（誤《あやま》りは三《みっ》つ）

問《もん》題《だい》

レベル
LEVEL
34

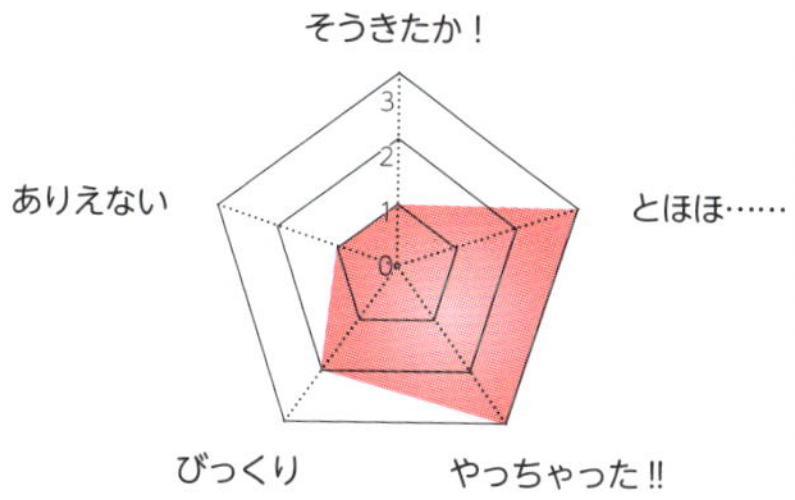

10

北山《きたやま》さんは会社《かいしゃ》に入《はい》った後《あと》、失敗《しっぱい》ばかりだった。しかし昨年《さくねん》、大《おお》きなプロジェクトを成功《せいこう》させて、汚名《おめい》を挽回《ばんかい》した。これから毎年《まいとし》5000万円《まんえん》の利《り》益《えき》が10年間《ねんかん》見込《みこ》めるというものだった。総額《そうがく》50億《おく》円《えん》だ。北島《きたじま》さんのこれからに注目《ちゅうもく》したい。

（誤《あやま》りは三《みっ》つ）

9

運動会《うんどうかい》の徒競争《ときょうそう》でよい結果《けっか》を出《だ》せず落《お》ち込《こ》むぼくに、母《はは》は「気《き》にしなくても大丈夫《だいじょうぶ》！」と喝《かつ》を入《い》れてくれた。対称的《たいしょうてき》に父《ちち》は「なんでもっと速《はや》く走《はし》れないんだ」と怒鳴《どな》った。

「徒競走《ときょうそう》」が正解《せいかい》。「競争《きょうそう》」のイメージに引《ひ》っ張《ぱ》られがちなので気《き》を付《つ》けてください

「活《かつ》を入《い》れてくれた」が正《ただ》しい書《か》き方《かた》。元気《げんき》づける際《さい》に入《い》れるのが「活《かつ》」。「喝《かつ》」は大声《おおごえ》という意味《いみ》です

文章《ぶんしょう》から考《かんが》えると「対照的《たいしょうてき》」が適当《てきとう》。物事《ものごと》の違《ちが》いが際立《きわだ》っているのが「対照《たいしょう》」で、「対称《たいしょう》」は物事《ものごと》が対応《たいおう》してつりあっていることです

正解《せいかい》の数《かず》

／3

探《さが》してみよう 周囲《しゅうい》に問題《もんだい》と似《に》たような誤《あやま》りはありませんか？

見《み》つけた日《ひ》と場所《ばしょ》：

内容《ないよう》：

解《かい》答《とう》

10

北山《きたやま》さんは会社《かいしゃ》に入《はい》った後《あと》、失敗《しっぱい》ばかりだった。しかし昨年《さくねん》、大《おお》きなプロジェクトを成功《せいこう》させて、汚名《おめい》を挽回《ばんかい》した。これから毎年《まいとし》5000万円《まんえん》の利《り》益《えき》が10年間《ねんかん》見込《みこ》めるというものだった。総額《そうがく》50億《おく》円《えん》だ。北島《きたじま》さんのこれからに注目《ちゅうもく》したい。

「汚名《おめい》を返上《へんじょう》」または「汚名《おめい》をすすいだ」と続《つづ》けるべきです。「名《めい》誉《よ》を挽回《ばんかい》」ともいいますが、挽回《ばんかい》とは失《うしな》ったものをもとに戻《もど》すことで、この場合《ばあい》、入《にゅう》社以来《しゃいらい》「名誉《めいよ》」はなかったと考《かんが》えられるので「挽回《ばんかい》」はふさわしくありません

前《まえ》に「5000万円《まんえん》」「10年間《ねんかん》」とあるため「5億円《おくえん》」が正解《せいかい》

前《まえ》に「北山《きたやま》さん」とあるため間違《まちが》いと考《かんが》えられます。確《かく》認《にん》が必要《ひつよう》

正解《せいかい》の数《かず》

／3

レベルアップ 数字《すうじ》、計算《けいさん》、単位《たんい》

文章《ぶんしょう》で見逃《みのが》しがちなのが数字《すうじ》や計算《けいさん》、単位《たんい》です。例《たと》えば1ドル＝150円《えん》とすると1億《おく》ドルは150億円《おくえん》ですが、文章《ぶんしょう》に紛《まぎ》れ込《こ》むと「1億《おく》ドル＝1500億円《おくえん》」とあってもつい読《よ》み飛《と》ばしてしまうものです。同《おな》じようにグラムとキログラムやメートルとキロメートルなどの単位《たんい》も間違《まちが》いを見逃《みのが》してしまうことがあります。数《すう》字《じ》や計算《けいさん》、単位《たんい》は物事《ものごと》を判断《はんだん》するうえで大切《たいせつ》なものです。気《き》を付《つ》けましょう。

問題《もんだい》

レベル
LEVEL 35

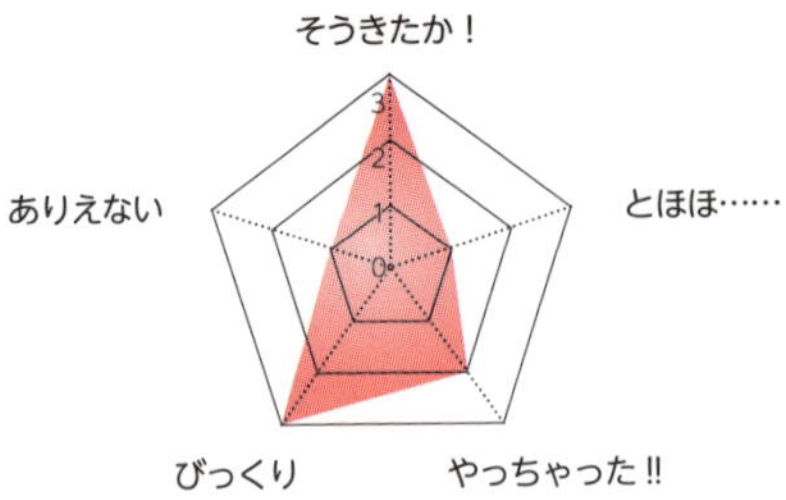
そうきたか！
とほほ……
やっちゃった!!
びっくり
ありえない
3
2
1
0

11

父《ちち》は若《わか》いころ、親友《しんゆう》にだまされて借金《しゃっきん》を背負《せお》った。だからお金《かね》に厳《きび》しく、家族《かぞく》であっても貸《か》し借《か》りは許《ゆる》さない。弟《おとうと》がお金《かね》の無心《むしん》をしたとき、苦虫《にがむし》をかんだような顔《かお》をするばかりで、とりつく暇《ひま》もなかった。また父《ちち》は耳障《みみざわ》りのいいことを言《い》う人《ひと》を信用《しんよう》しない。

（誤《あやま》りは三《みっ》つ）

問《もん》題《だい》

レベル
LEVEL
36

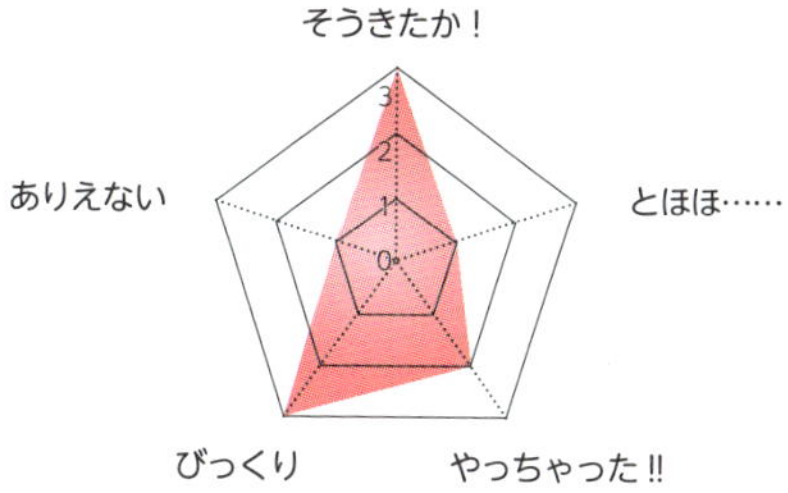

12

ぼくの祖父《そふ》は存命中《ぞんめいちゅう》、厚顔無知《こうがんむち》なワンマン社長《しゃちょう》として有名《ゆうめい》だった。けれど、ぼくの記憶《きおく》では、祖父《そふ》は釣《つ》りや乗馬《じょうば》など趣味《しゅみ》が生《い》きがいで、道具《どうぐ》にこだわる凝《こ》り症《しょう》な人《ひと》だった。人《ひと》にはいろいろな面《めん》がある。埼玉市《さいたまし》にある祖父《そふ》の墓《はか》の前《まえ》で、ぼくはそっと手《て》を合《あ》わせた。

（誤《あやま》りは三《みっ》つ）

11

父《ちち》は若《わか》いころ、親友《しんゆう》にだまされて借金《しゃっきん》を背負《せお》った。だからお金《かね》に厳《きび》しく、家族《かぞく》であっても貸《か》し借《か》りは許《ゆる》さない。弟《おとうと》がお金《かね》の無心《むしん》をしたとき、苦虫《にがむし》をかんだような顔《かお》をするばかりで、とりつく暇《ひま》もなかった。また父《ちち》は耳障《みみざわ》りのいいことを言《い》う人《ひと》を信用《しんよう》しない。

「苦虫《にがむし》をかみつぶしたような」が正《ただ》しい表現《ひょうげん》。とても不愉快《ふゆかい》そうな顔《かお》つきのことです

「耳《みみ》に心地《ここち》よい」などが適切《てきせつ》。「耳障《みみざわ》り」は一般《いっぱん》的《てき》に、聞《き》いていて不愉快《ふゆかい》になるものをいいます

「とりつくしま（取《と》り付《つ》く島《しま》）」が正解《せいかい》。「暇《ひま》」ではなく「島《しま》」です。頼《たよ》りにしてすがろうとしても、相手《あいて》にもしてくれないという意味《いみ》です

正解《せいかい》の数《かず》

／3

探《さが》してみよう　周囲《しゅうい》に問題《もんだい》と似《に》たような誤《あやま》りはありませんか？

見《み》つけた日《ひ》と場所《ばしょ》：

内容《ないよう》：

解《かい》答《とう》

12

ぼくの祖父《そふ》は存命中《ぞんめいちゅう》、厚顔無知《こうがんむち》なワンマン社長《しゃちょう》として有名《ゆうめい》だった。けれど、ぼくの記憶《きおく》では、祖父《そふ》は釣《つ》りや乗馬《じょうば》など趣味《しゅみ》が生《い》きがいで、道具《どうぐ》にこだわる凝《こ》り症《しょう》な人《ひと》だった。人《ひと》にはいろいろな面《めん》がある。埼玉市《さいたまし》にある祖父《そふ》の墓《はか》の前《まえ》で、ぼくはそっと手《て》を合《あ》わせた。

「厚顔無恥《こうがんむち》」が正解《せいかい》。厚《あつ》かましく恥知《はじし》らずな様子《ようす》です。知《ち》識《しき》や知恵《ちえ》がない「無《む》知《ち》」ではありません

「凝《こ》り性《しょう》」です。物《もの》事《ごと》に熱中《ねっちゅう》して、徹《てっ》底的《ていてき》にしないと満《まん》足《ぞく》できない性質《せいしつ》のことです

「埼玉県《さいたまけん》」もしくは「さいたま市《し》」と考《かんが》えられます。「埼玉《さいたま》県《けん》」の県庁所在地《けんちょうしょざいち》である「さいたま市《し》」は漢字《かんじ》ではなくひらがなです

正解《せいかい》の数《かず》

／3

レベルアップ 同音異義語《どうおんいぎご》クイズ

発音《はつおん》が同《おな》じで文字《もじ》や意味《いみ》が違《ちが》う言葉《ことば》を同音異義語《どうおんいぎご》といいます。いくつかクイズにチャレンジしてみましょう。【　】には全《すべ》てキョウコウという漢字《かんじ》が入《はい》ります。

ローマ【 1 】が【 2 】に倒《たお》れた人《ひと》たちに祈《いの》りをささげた。

【 3 】派《は》は金融《きんゆう》【 4 】で「経済《けいざい》が壊《こわ》れる」と主張《しゅちょう》し、採決《さいけつ》を【 5 】した。

※答《こた》えは95ページにあります。

大人《おとな》と一緒《いっしょ》に
読《よ》もう

時《とき》とともに言葉《ことば》は……

言葉《ことば》は時《とき》とともに変化《へんか》しています。「誤《あやま》り」と言《い》い切《き》っていいものか迷《まよ》う言葉《ことば》も少《すく》なくありません。

例《たと》えば「敷居《しきい》が高《たか》い」は、よく「不義理《ふぎり》などがあって相手《あいて》の家《いえ》に行《い》きにくい」という意味《いみ》とされ「金額《きんがく》や格式《かくしき》が高《たか》く入《はい》りにくい」という使《つか》い方《かた》は誤《あやま》りという考《かんが》えがあります。しかし2020年《ねん》の文化庁《ぶんかちょう》の調査《ちょうさ》によると、前者《ぜんしゃ》が約《やく》3割《わり》、後者《こうしゃ》が5割台半《わりだいなか》ばでした。ちなみに2021年《ねん》の調査《ちょうさ》で「破天荒《はてんこう》」について、本来《ほんらい》の意味《いみ》の「だれも成《な》し得《え》なかったことをすること」と答《こた》えた人《ひと》は2割台《わりだい》で、本来《ほんらい》の意味《いみ》ではない「豪快《ごうかい》で大胆《だいたん》な様子《ようす》」と答《こた》えた人《ひと》が6割台半《わりだいなか》ばでした。どちらも全《まった》く違《ちが》った意味《いみ》への変化《へんか》ではなく、使《つか》う場面《ばめん》が拡大《かくだい》したと考《かんが》えられ、新《あたら》しい意味《いみ》を加《くわ》える辞書《じしょ》も現《あらわ》れています。少《すく》なくとも話《はな》し言葉《ことば》としては「誤《あやま》り」と切《き》り捨《す》てにくい気《き》がします。

変化《へんか》といえば、新《あたら》しく生《う》まれたり使《つか》われずに消《き》えたりするのも、一《ひと》つの変《へん》化《か》といえるかもしれません。

最近《さいきん》よく耳《みみ》にする「バズる」や「ディスる」は、一般的《いっぱんてき》な書《か》き言葉《ことば》としてどうかはべつにして、ずいぶん浸透《しんとう》しているようです。いつかは「メモる」のように多《おお》くの人《ひと》が使《つか》う言葉《ことば》になるかもしれません。一方《いっぽう》で「シャッポを脱《ぬ》ぐ」という言葉《ことば》があります。シャッポは「帽子《ぼうし》」の意味《いみ》で、脱帽《だつぼう》する、降参《こうさん》するといった際《さい》に用《もち》いられていました。しかし今《いま》では、ほとんど使《つか》われていないといっていいでしょう。やがて消《き》えていくかもしれません。

本《ほん》番《ばん》編《へん》

レベル
LEVEL
37

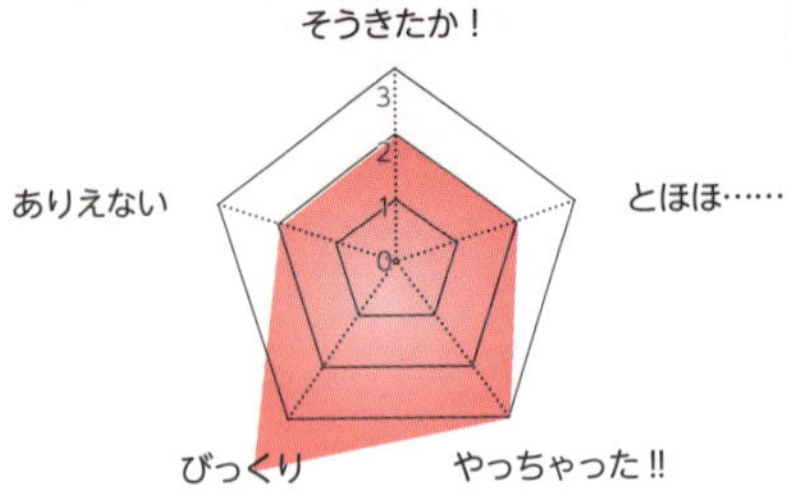
そうきたか！
とほほ……
やっちゃった!!
びっくり
ありえない
3
2
1
0

1

産《さん》夫《ふ》人《じん》科《か》医《い》の柳《やなぎ》さんは株《かぶ》や国債《こくさい》などの債権《さいけん》に投資《とうし》をしている。もともと気分屋《きぶんや》で、投資《とうし》で少《すこ》しでも損《そん》をすると、たちまち機嫌《きげん》が悪《わる》くなる。うんうんうなりながら、前後策《ぜんごさく》に頭《あたま》を悩《なや》ませることもしばしばだ。そんなときは近《ちか》づかないに限《かぎ》る。障《さわ》らぬ神《かみ》にたたりなしだ。今日《きょう》は市場《しじょう》で講談社《こうだんしゃ》の株《かぶ》をたくさん買《か》ったらしい。

（誤《あやま》りは五《いつ》つ）

問題《もんだい》

レベル
LEVEL
38

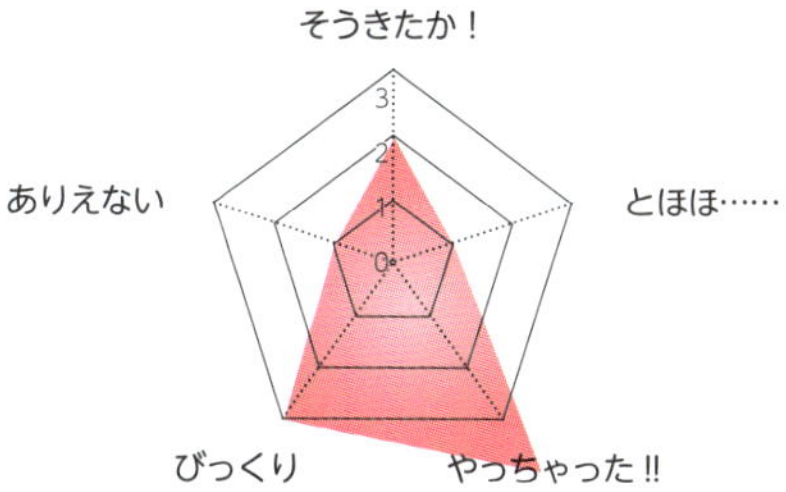
そうきたか！
とほほ……
やっちゃった!!
びっくり
ありえない
3
2
1
0

2

3人《にん》の子《こ》どもに恵《めぐ》まれた兄《あに》は今《いま》、子《こ》どもの育児《いくじ》でたいへんだ。ことあるごとに、かんで含《ふく》むように、子《こ》どもたちに注意《ちゅうい》している。けれど楽《たの》しみも多《おお》いようだ。先日《せんじつ》は、子《こ》どもたちが昆虫《こんちゅう》に興味深々《きょうみしんしん》とうれしそうに語《かた》っていた。また、ある日《ひ》は、子《こ》どもたちが参加《さんか》した野球《やきゅう》の大会《たいかい》でライバルチームに破《やぶ》れたことを、悔《くや》しそうに語《かた》っていた。明日《あす》は遠足《えんそく》だそうだ。手作《てづく》りの弁当《べんとう》に舌《した》を打《う》つ子《こ》どもたちの姿《すがた》を想像《そうぞう》するだけで楽《たの》しいと言《い》っていた。

（誤《あやま》りは五《いつ》つ）

解答《かいとう》

1

産《さん》夫《ふ》人《じん》科《か》医《い》の柳《やなぎ》さんは株《かぶ》や国債《こくさい》などの債権《さいけん》に投資《とうし》をしている。もともと気分屋《きぶんや》で、投資《とうし》で少《すこ》しでも損《そん》をすると、たちまち機嫌《きげん》が悪《わる》くなる。うんうんうなりながら、前後策《ぜんごさく》に頭《あたま》を悩《なや》ませることもしばしばだ。そんなときは近《ちか》づかないに限《かぎ》る。障《さわ》らぬ神《かみ》にたたりなしだ。今日《きょう》は市場《しじょう》で講談社《こうだんしゃ》の株《かぶ》をたくさん買《か》ったらしい。

正《ただ》しくは「産婦人科医《さんふじんかい》」です。「夫人《ふじん》」は他人《たにん》の妻《つま》に敬意《けいい》をこめて使《つか》う言葉《ことば》です。「婦人《ふじん》」は成《せい》人《じん》した女性《じょせい》を指《さ》します

「債券《さいけん》」が正解《せいかい》。「債券《さいけん》」は借金《しゃっきん》の証明書《しょうめいしょ》（有価《ゆうか》証券《しょうけん》）の一《ひと》つです。「債《さい》権《けん》」とは権利《けんり》の一《ひと》つで、ある人《ひと》がある人《ひと》に対《たい》して貸《か》したお金《かね》を返《かえ》してほしいなどと求《もと》めることができる権利《けんり》です

正《ただ》しくは「触《さわ》らぬ神《かみ》にたたりなし」。物事《ものごと》にかかわらなければ面倒《めんどう》なことにならない、余《よ》計《けい》なことに手《て》を出《だ》さないという意味《いみ》。ちなみに「障《さわ》り」には「じゃま」「さまたげ」といった意《い》味《み》があります

講談社《こうだんしゃ》の株《かぶ》は市場《しじょう》で取《とり》引《ひき》されていないため、別《べつ》の会社《かいしゃ》の株《かぶ》と考《かんが》えられます。出版業《しゅっぱんぎょう》を行《おこな》っている会社《かいしゃ》としてはKADOKAWAなどの株《かぶ》が市場《しじょう》で取引《とりひき》されているので、それらと間《ま》違《ちが》えたのでは？

「善後策《ぜんごさく》」が正《ただ》しく、後《あと》始末《しまつ》をうまくする方法《ほうほう》をいいます。前《まえ》や後《うし》ろの策《さく》ではありません

正解《せいかい》の数《かず》

／5

探《さが》してみよう　周囲《しゅうい》に問題《もんだい》と似《に》たような誤《あやま》りはありませんか？

見《み》つけた日《ひ》と場所《ばしょ》：

内容《ないよう》：

解答《かいとう》

2

3人《にん》の子《こ》どもに恵《めぐ》まれた兄《あに》は今《いま》、子《こ》どもの育児《いくじ》でたいへんだ。ことあるごとに、かんで含《ふく》むように、子《こ》どもたちに注意《ちゅうい》している。けれど楽《たの》しみも多《おお》いようだ。先日《せんじつ》は、子《こ》どもたちが昆虫《こんちゅう》に興味深々《きょうみしんしん》とうれしそうに語《かた》っていた。また、ある日《ひ》は、子《こ》どもたちが参加《さんか》した野球《やきゅう》の大会《たいかい》でライバルチームに破《やぶ》れたことを、悔《くや》しそうに語《かた》っていた。明日《あす》は遠足《えんそく》だそうだ。手作《てづく》りの弁当《べんとう》に舌《した》を打《う》つ子《こ》どもたちの姿《すがた》を想像《そうぞう》するだけで楽《たの》しいと言《い》っていた。

子《こ》ども以外《いがい》の育児《いくじ》はないので「育児《いくじ》」が適切《てきせつ》

「かんで含《ふく》める」が適切《てきせつ》。相手《あいて》がよく分《わ》かるように、丁寧《ていねい》に説明《せつめい》したり言《い》い聞《き》かせたりするさまです

「興味津々《きょうみしんしん》」が正《ただ》しい字《じ》。「津々《しんしん》」とは、あふれ出《で》るさまです

「敗《やぶ》れた」が正解《せいかい》。相手《あいて》に勝《か》つことは「破《やぶ》る」ですが、負《ま》けるときは「敗《やぶ》れる」です

文章《ぶんしょう》から考《かんが》えると「舌鼓《したつづみ》を打《う》つ」です。「舌《した》を打《う》つ（舌打《したう》ち）」はいまいましさなどを表《あらわ》すので、ここでは不適切《ふてきせつ》です

正解《せいかい》の数《かず》

／5

レベルアップ　非上場企業《ひじょうじょうきぎょう》

株式《かぶしき》を株式市場《かぶしきしじょう》で取引《とりひき》できるようにすることを上場《じょうじょう》といい、上場《じょうじょう》していないことを非上場《ひじょうじょう》といいます。非上場《ひじょうじょう》の株《かぶ》は市場《しじょう》で取引《とりひき》できません。問題《もんだい》にあった講談社《こうだんしゃ》をはじめとする出版社《しゅっぱんしゃ》、あるいは朝日新聞社《あさひしんぶんしゃ》や日本経済新聞社《にほんけいざいしんぶんしゃ》などの新聞社《しんぶんしゃ》は、多《おお》くが非上場《ひじょうじょう》です。またサントリー（サントリーホールディングス）なども非上場《ひじょう じょう》です。

問《もん》題《だい》

レベル
LEVEL
39

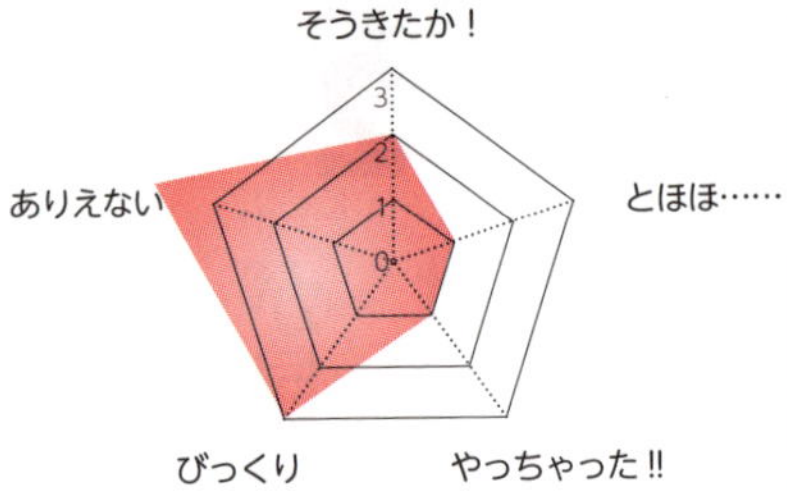
そうきたか！
とほほ……
やっちゃった!!
びっくり
ありえない
3
2
1
0

3

有名《ゆうめい》な音楽家《おんがくか》が一同《いちどう》に会《かい》したコンサートが開《ひら》かれた。長年《ながねん》、ファンの間《あいだ》で期待《きたい》されていたもので、開催《かいさい》が決《き》まるとファンはいやがおうでも興奮《こうふん》を隠《かく》しきれない様子《ようす》だった。特《とく》に音楽《おんがく》家《か》の一人《ひとり》は押《お》しも押《お》されぬ有名人《ゆうめいじん》で、会場《かいじょう》にはテレビや新聞《しんぶん》などのマスコミが詰《つ》め駆《か》けていた。開演中《かいえんちゅう》はファンからの拍《はく》手《しゅ》で湧《わ》いていた。

（誤《あやま》りは五《いつ》つ）

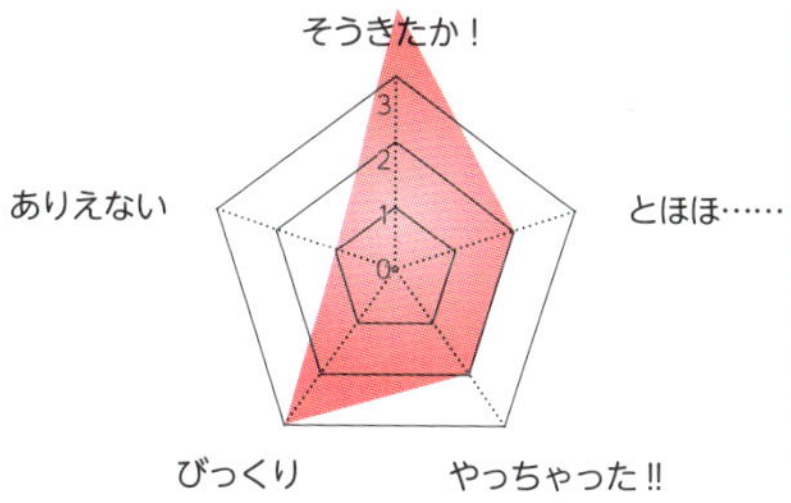

レベル
LEVEL
40

問《もん》題《だい》

4

多《おお》くの学者《がくしゃ》が集《あつ》まる学界《がっかい》が、京都《きょうと》で開催《かいさい》された。会場《かいじょう》は県《けん》の大《おお》きな施設《しせつ》だった。学会《がっかい》では議論《ぎろん》が繰《く》り広《ひろ》げられ、どの学者《がくしゃ》もいくつもの例《れい》を上《あ》げて反論《はんろん》し、自説《じせつ》を曲《ま》げなかった。ぼくも若《わか》いとはいえ研究所《けんきゅうじょ》に席《せき》を置《お》く者《もの》として、振《ふ》るい立《た》って自《じ》説《せつ》を説明《せつめい》した。

（誤《あやま》りは五《いつ》つ）

3

有名《ゆうめい》な音楽家《おんがくか》が一同《いちどう》に会《かい》したコンサートが開《ひら》かれた。長年《ながねん》、ファンの間《あいだ》で期待《きたい》されていたもので、開催《かいさい》が決《き》まるとファンはいやがおうでも興奮《こうふん》を隠《かく》しきれない様子《ようす》だった。特《とく》に音楽家《おんがくか》の一人《ひとり》は押《お》しも押《お》されぬ有名人《ゆうめいじん》で、会場《かいじょう》にはテレビや新聞《しんぶん》などのマスコミが詰《つ》め駆《か》けていた。開演中《かいえんちゅう》はファンからの拍《はく》手《しゅ》で湧《わ》いていた。

「一堂《いちどう》に会《かい》した」が正《せい》解《かい》。「一堂《いちどう》」とは同《おな》じ建物《たてもの》や場所《ばしょ》の意味《いみ》です。「一同《いちどう》」は関係《かんけい》する人全《ひとすべ》てなどの意味《いみ》です。

「いやがうえにも」が適切《てきせつ》。「いやがおうでも」は、好《この》むと好《この》まないとにかかわらずという意味《いみ》なので不《ふ》適切《てきせつ》。「いやがうえにも」は、そのうえさらになどの意味《いみ》です

「押《お》しも押《お》されもせぬ」。「も」をお忘《わす》れなく

「詰《つ》め掛《か》ける」が正解《せいかい》。多《おお》くの人《ひと》がいっせいに一《ひと》つの場所《ばしょ》に集《あつ》まるという意味《いみ》です。急《いそ》ぐ、走《はし》るといった意味《いみ》の「駆《か》ける」ではありません。

会場《かいじょう》が「わく」場合《ばあい》は、沸騰《ふっとう》をイメージさせる「沸《わ》く」が適切《てきせつ》です。なお拍手《はくしゅ》が「わく」は「湧《わ》く」の方《ほう》がよいでしょう

正解《せいかい》の数《かず》

／5

探《さが》してみよう 周囲《しゅうい》に問題《もんだい》と似《に》たような誤《あやま》りはありませんか？

見《み》つけた日《ひ》と場所《ばしょ》：

内容《ないよう》：

解《かい》答《とう》

4

多《おお》くの学者《がくしゃ》が集《あつ》まる学界《がっかい》が、京都《きょうと》で開催《かいさい》された。会場《かいじょう》は県《けん》の大《おお》きな施設《しせつ》だった。学会《がっかい》では議論《ぎろん》が繰《く》り広《ひろ》げられ、どの学者《がくしゃ》もいくつもの例《れい》を上《あ》げて反論《はんろん》し、自説《じせつ》を曲《ま》げなかった。ぼくも若《わか》いとはいえ研究所《けんきゅうじょ》に席《せき》を置《お》く者《もの》として、振《ふ》るい立《た》って自《じ》説《せつ》を説明《せつめい》した。

文章《ぶんしょう》から考《かんが》えて「学会《がっかい》」が正解《せいかい》。「学会《がっかい》」は学者《がくしゃ》が集《あつ》まって研究《けんきゅう》について発表《はっぴょう》したり議論《ぎろん》したりする場《ば》です。「学界《がっかい》」は政治家《せいじか》の社会《しゃかい》である「政界《せいかい》」や経済《けいざい》人《じん》の社会《しゃかい》である「財界《ざいかい》」などのように、学者《がくしゃ》の社会《しゃかい》を指《さ》します

前《まえ》に「京都《きょうと》」とあるため「府《ふ》」が正解《せいかい》と考《かんが》えられます

「挙《あ》げて」が適切《てきせつ》。一般的《いっぱんてき》に「挙《あ》げる」は例《れい》などをはっきり示《しめ》す際《さい》に使《つか》い、「上《あ》げる」は「下《さ》げる」と対応《たいおう》する際《さい》に用《もち》います

「籍《せき》を置《お》く」です。その組織《そしき》の一員《いちいん》として所属《しょぞく》しているという意味《いみ》です

正解《せいかい》は「奮《ふる》い立《た》って」。何《なに》かを行《おこな》うために心《こころ》を奮《ふる》うことです

正解《せいかい》の数《かず》

／5

レベルアップ 人名《じんめい》

人名《じんめい》は特《とく》に注意《ちゅうい》したいものです。例《たと》えば政治家《せいじか》の小沢一郎《おざわいちろう》さんと元首相《もとしゅしょう》の森喜朗《もりよしろう》さんは「ろう」の漢字《かんじ》が違《ちが》います。元首相《もとしゅしょう》の菅直人《かんなおと》さんと同《おな》じく元首相《もとしゅしょう》の菅義偉《すがよしひで》さんは名字《みょうじ》が同《おな》じ漢字《かんじ》でも読《よ》み方《かた》が違《ちが》います。またグループ名《めい》も間違《まちが》いやすく、例《たと》えばSnow ManはSとMが大文字《おおもじ》、Hey! Say! JUMPはH、S、そしてJUMPが大文字《おおもじ》です。

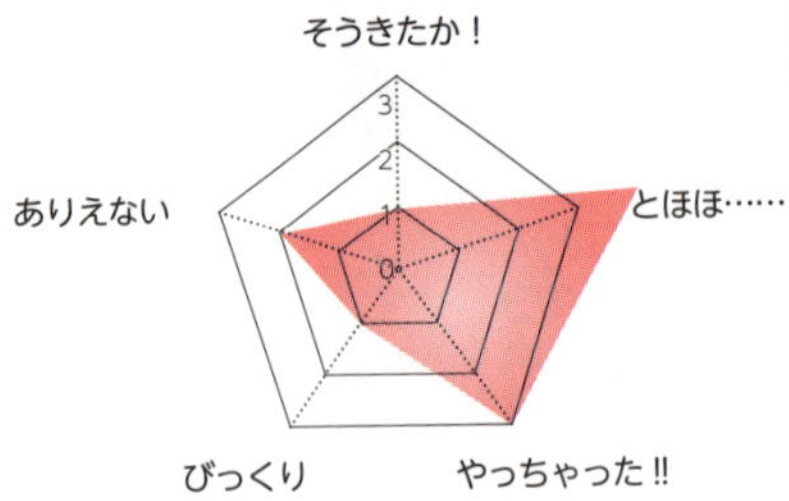

レベル
LEVEL
41

問題《もんだい》

5

彼《かれ》は抱擁力《ほうようりょく》にあふれた名監督《めいかんとく》と評判《ひょうばん》だった。しかしふたを開《あ》けたら期待倒《きたいだお》れで、チームをまとめられず、チームの不沈《ふちん》をかけた試合《しあい》では采配《さいはい》ミスの連続《れんぞく》だった。攻《せ》めるファンたちに監督《かんとく》は平然《へいぜん》と「選手《せんしゅ》が悪《わる》い」と言《い》い切《き》った。その後《ご》、彼《かれ》は体調《たいちょう》を壊《こわ》して監督《かんとく》を辞《や》めた。

（誤《あやま》りは五《いつ》つ）

問《もん》題《だい》

レベル
LEVEL
42

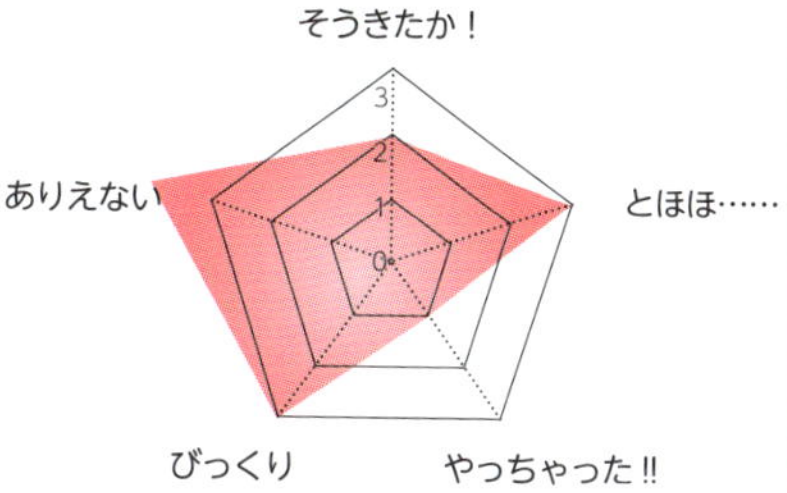

6

テレビのニュースがＷＨＯ（世《せ》界《かい》保《ほ》険《けん》機《き》関《かん》）のコメントや、ある国《くに》の大統領選挙《だいとうりょうせんきょ》の決戦投票《けっせんとうひょう》の結果《けっか》を伝《つた》えていた。けれど、ぼくの頭《あたま》には何《なに》も入《はい》ってこない。なぜなら宝《たから》くじで大金《たいきん》が当《あ》たったからだ。まさに濡《ぬ》れ手《て》で泡《あわ》だ。次《つぎ》のニュースで福沢諭吉《ふくざわゆきち》の出身地《しゅっしんち》である大分県中間市《おおいたけんなかまし》が取《と》り上《あ》げられていた。ぼくの地元《じもと》だが、ぼくはずっとお金《かね》の使《つか》い道《みち》を考《かんが》えていた。

（誤《あやま》りは五《いつ》つ）

解答《かいとう》

5

彼《かれ》は抱擁力《ほうようりょく》にあふれた名監督《めいかんとく》と評判《ひょうばん》だった。しかしふたを開《あ》けたら期待倒《きたいだお》れで、チームをまとめられず、チームの不沈《ふちん》をかけた試合《しあい》では采配《さいはい》ミスの連続《れんぞく》だった。攻《せ》めるファンたちに監督《かんとく》は平然《へいぜん》と「選手《せんしゅ》が悪《わる》い」と言《い》い切《き》った。その後《ご》、彼《かれ》は体調《たいちょう》を壊《こわ》して監督《かんとく》を辞《や》めた。

「包容力《ほうようりょく》」が正解《せいかい》。「包容力《ほうようりょく》」とは広《ひろ》い心《こころ》を意味《いみ》します。「抱擁《ほうよう》」は抱《だ》きしめるという意味《いみ》です

「期待外《きたいはず》れ」が適切《てきせつ》。「看板倒《かんばんだお》れ」と混同《こんどう》しがちです。注意《ちゅうい》しましょう

「浮沈《ふちん》」です。浮《う》き沈《しず》みという意味《いみ》で、「不沈《ふちん》」は沈《しず》まないという意味《いみ》です

「責《せ》める」が正《ただ》しい漢字《かんじ》。「攻《せ》める」は攻撃《こうげき》することで、責任《せきにん》などを問《と》うことは「責《せ》める」です

「体調《たいちょう》を崩《くず》して」が適切《てきせつ》。体調《たいちょう》は「崩《くず》す」が一般的《いっぱんてき》ですが、腹《はら》の具合《ぐあい》が悪《わる》いときは「腹《はら》を崩《くず》す」ではなく「腹《はら》を壊《こわ》す」です

正解《せいかい》の数《かず》

／5

探《さが》してみよう 周囲《しゅうい》に問題《もんだい》と似《に》たような誤《あやま》りはありませんか？

見《み》つけた日《ひ》と場所《ばしょ》：

内容《ないよう》：

解《かい》答《とう》

6

テレビのニュースがWHO（世界保険機関《せかいほけんきかん》）のコメントや、ある国《くに》の大統領選挙《だいとうりょうせんきょ》の決戦投票《けっせんとうひょう》の結果《けっか》を伝《つた》えていた。けれど、ぼくの頭《あたま》には何《なに》も入《はい》ってこない。なぜなら宝《たから》くじで大金《たいきん》が当《あ》たったからだ。まさに濡《ぬ》れ手《て》で泡《あわ》だ。次《つぎ》のニュースで福沢諭吉《ふくざわゆきち》の出身地《しゅっしんち》である大分県《おおいたけん》中間市《なかまし》が取《と》り上《あ》げられていた。ぼくの地元《じもと》だが、ぼくはずっとお金《かね》の使《つか》い道《みち》を考《かんが》えていた。

「世界保健機関《せかいほけんきかん》」が正解《せいかい》。健康《けんこう》や衛生《えいせい》を保《たも》つのが「保健《ほけん》」、将来《しょうらい》のリスクなどにそなえるのが「保険《ほけん》」です

「決選投票《けっせんとうひょう》」です。1回《かい》の投票《とうひょう》で当選者《とうせんしゃ》が決《き》まらない場合《ばあい》、上位得《じょういとく》票者《ひょうしゃ》2名《めい》でもう一回《いっかい》行《おこな》う投票《とうひょう》のこと。最後《さいご》の勝負《しょうぶ》を決《き》める「決戦《けっせん》」と間違《まちが》えやすいので注意《ちゅうい》してください

「福沢諭吉《ふくざわゆきち》」です。「諭《ろん》」ではありません

「濡《ぬ》れ手《て》で粟《あわ》」が正解《せいかい》。濡《ぬ》れた手《て》で粟《あわ》をつかむと、簡単《かんたん》にたくさんつくことから、苦労《くろう》せずに大《おお》きな利益《りえき》を得《え》ることのたとえです。手洗《てあら》いではないので「泡《あわ》」ではありません

正《ただ》しくは「中津市《なかつし》」。中間市《なかまし》は福岡県《ふくおかけん》にあります

正解《せいかい》の数《かず》

/5

レベルアップ **略称《りゃくしょう》**

新聞《しんぶん》やテレビの報道《ほうどう》でよく目《め》や耳《みみ》にする国際機関《こくさいきかん》の正式名称《せいしきめいしょう》と略称《りゃくしょう》を紹介《しょうかい》します。UNESCO（ユネスコ、国連教育科学文化機関《こくれんきょういくかがくぶんかきかん》）、UNICEF（ユニセフ、国連《こくれん》児童基金《じどうききん》）、WTO（世界貿易機関《せかいぼうえききかん》）、IOC（国際《こくさい》オリンピック委員会《いいんかい》）、IAEA（国際原子力機関《こくさいげんしりょくきかん》）、IMF（国際通貨基金《こくさいつうかききん》）。また国連平和維持活動《こくれんへいわいじかつどう》の略称《りゃくしょう》「PKO」などもよく使《つか》われます。

レベル
LEVEL
43

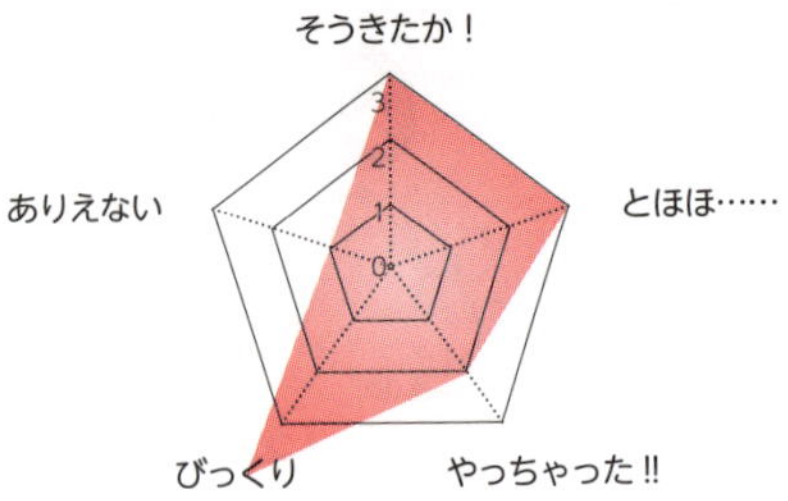

7

戦《たたか》いの火《ひ》ぶたが切《き》って落《お》とされた！　もう負《ま》けたくない。昨《さく》年《ねん》の二《に》の舞《ま》いは繰《く》り返《かえ》したくない。おれはまず初《はじ》めにほおをたたいて気合《きあい》を入《い》れた。すると親友《しんゆう》が「その調子《ちょうし》だ！」と檄《げき》を飛《と》ばした。すると、もう一人《ひとり》の親友《しんゆう》が「気楽《きらく》にやろうぜ」と笑顔《えがお》をこぼした。おれは本当《ほんとう》に友人《ゆうじん》に恵《めぐ》まれている。

（誤《あやま》りは五《いつ》つ）

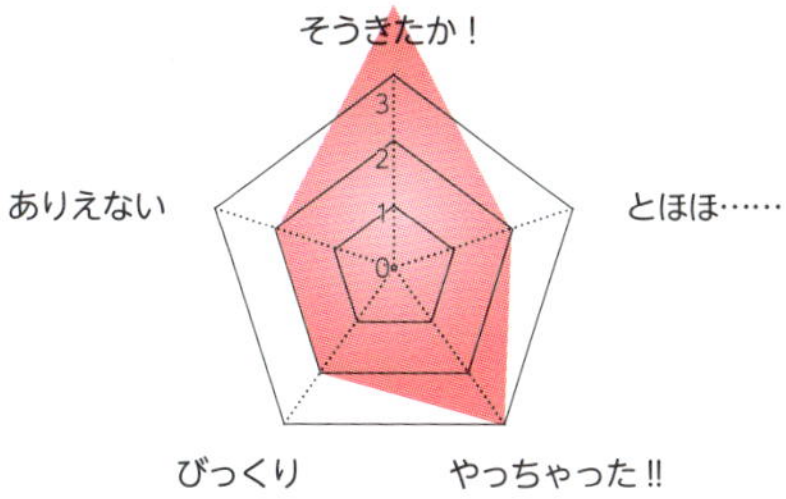

レベル
LEVEL
44

問題《もんだい》

8

徳川家康《とくがわいえやす》は豊臣家《とよとみけ》を大坂冬《おおさかふゆ》の陣《じん》で滅《ほろ》ぼした。江戸幕府《えどばくふ》を開《ひら》く前《まえ》の1615年《ねん》のことだった。私《わたし》は若《わか》いころ、軽自動車《けいじどうしゃ》を運転《うんてん》して一人《ひとり》で日本一週旅行《にほんいっしゅうりょこう》をした。2001年《ねん》だった。そのとき、家康《いえやす》ゆかりの岡崎城《おかざきじょう》に寄《よ》った。「見聞《けんぶん》を広《ひろ》める」と心《こころ》に誓《ちか》い、武者修業《むしゃしゅぎょう》を気取《きど》った貧乏旅行《びんぼうりょこう》だったこともあり、苦労《くろう》の末《すえ》に天下人《てんかびと》になった家康《いえやす》の人生《じんせい》を岡崎城《おかざきじょう》で考《かんが》えた時間《じかん》は、特《とく》に印象深《いんしょうぶか》い。あのとき私《わたし》は17歳《さい》だった。

（誤《あやま》りは五《いつ》つ）

解《かい》答《とう》

7

戦《たたか》いの火《ひ》ぶたが切《き》って落《お》とされた！　もう負《ま》けたくない。昨《さく》年《ねん》の二《に》の舞《ま》いは繰《く》り返《かえ》したくない。おれはまず初《はじ》めにほおをたたいて気《き》合《あい》を入《い》れた。すると親《しん》友《ゆう》が「その調《ちょう》子《し》だ！」と檄《げき》を飛《と》ばした。すると、もう一人《ひとり》の親《しん》友《ゆう》が「気《き》楽《らく》にやろうぜ」と笑《え》顔《がお》をこぼした。おれは本《ほん》当《とう》に友《ゆう》人《じん》に恵《めぐ》まれている。

「二《に》の舞《ま》いを演《えん》じたくない」が正《せい》解《かい》。「二《に》の舞《ま》い」は前《まえ》の人《ひと》の失《しっ》敗《ぱい》を繰《く》り返《かえ》すという意《い》味《み》を持《も》ち、「繰《く》り返《かえ》す」は不《ふ》要《よう》です

「火《ひ》ぶたが切《き》られた」とすべきです。「幕《まく》が切《き》って落《お》とされた」と混《こん》同《どう》されがちなので注《ちゅう》意《い》してください。ちなみに「火《ひ》ぶた」とは火《ひ》縄《なわ》銃《じゅう》の火《か》薬《やく》がある「火《ひ》皿《ざら》」をおおうふたのことです

「まず」もしくは「初《はじ》めに」が適《てき》切《せつ》。どちらも「最《さい》初《しょ》に」という意《い》味《み》なので重《かさ》ねる必《ひつ》要《よう》はありません

「激《げき》励《れい》した」などが適《てき》切《せつ》。「檄《げき》を飛《と》ばす」は「自《じ》分《ぶん》の主《しゅ》張《ちょう》を広《ひろ》く人《ひと》々《びと》に知《し》らせる」という意《い》味《み》です。なお「檄《げき》」とは自《じ》分《ぶん》の主《しゅ》張《ちょう》を書《か》いて人《ひと》々《びと》に行《こう》動《どう》をうながす文《ぶん》書《しょ》のことです

「笑《え》みをこぼした」が適《てき》切《せつ》。顔《かお》はこぼれません

正《せい》解《かい》の数《かず》

／5

探《さが》してみよう　周《しゅう》囲《い》に問《もん》題《だい》と似《に》たような誤《あやま》りはありませんか？

見《み》つけた日《ひ》と場《ば》所《しょ》：

内《ない》容《よう》：

解《かい》答《とう》

8

徳川家康《とくがわいえやす》は豊臣家《とよとみけ》を大坂冬の陣《おおさかふゆのじん》で滅《ほろ》ぼした。江戸幕府《えどばくふ》を開《ひら》く前《まえ》の1615年《ねん》のことだった。私《わたし》は若《わか》いころ、軽自動車《けいじどうしゃ》を運《うん》転《てん》して一人《ひとり》で日本一週旅行《にほんいっしゅうりょこう》をした。2001年《ねん》だった。そのとき、家康《いえやす》ゆかりの岡崎城《おかざきじょう》に寄《よ》った。「見聞《けんぶん》を広《ひろ》める」と心《こころ》に誓《ちか》い、武者修業《むしゃしゅぎょう》を気取《きど》った貧乏旅行《びんぼうりょこう》だったこともあり、苦《く》労《ろう》の末《すえ》に天下人《てんかびと》になった家康《いえやす》の人生《じんせい》を岡崎城《おかざきじょう》で考《かん》えた時間《じかん》は、特《とく》に印象深《いんしょうぶか》い。あのとき私《わたし》は17歳《さい》だった。

「日本一周旅行《にほんいっしゅうりょこう》」が正《ただ》しいと考《かんが》えられます。ちなみに「週《しゅう》」で間違《まちが》えやすいものに、1週《しゅう》7日《か》間《かん》を表《あらわ》す「週間《しゅうかん》」と1週《しゅう》に一度《いちど》刊行《かんこう》される「週刊《しゅうかん》」があります

文章《ぶんしょう》から考《かんが》えて「大《おお》坂夏の陣《さかなつのじん》」が正解《せいかい》

「開いた後《ひらいたあと》」が歴史的事実《れきしてきじじつ》。江戸幕府《えどばくふ》が開《ひら》かれたのは1603年《ねん》です

「武者修行《むしゃしゅぎょう》」が適切《てきせつ》。職業《しょくぎょう》や芸事《げいごと》を学《まな》ぶのは「修業《しゅぎょう》」、仏法《ぶっぽう》を学《まな》ぶことや古風《こふう》な言《い》い方《かた》をする際《さい》は「修行《しゅぎょう》」とするのが一般的《いっぱんてき》です

前《まえ》に「軽自動車《けいじどうしゃ》を運転《うんてん》して一人《ひとり》で」とあるため「18歳《さい》」など、18歳《さい》以上《いじょう》と考《かんが》えられます。普通自動車《ふつうじどうしゃ》の運転免《うんてんめん》許《きょ》を取《と》れるのは18歳《さい》からです

正解《せいかい》の数《かず》

／5

レベルアップ

問題《もんだい》にあった「大坂冬の陣《おおさかふゆのじん》」「大坂夏の陣《おおさかなつのじん》」のように、複数回《ふくすうかい》あった歴史上《れきしじょう》の出《で》来事《きごと》は名前《なまえ》などを混同《こんどう》しがちで注意《ちゅうい》が必要《ひつよう》です。例《たと》えば中国大陸《ちゅうごくたいりく》の元《げん》が日本《にほん》に攻《せ》めてきた「元寇《げんこう》」は「文永《ぶんえい》の役《えき》（1274年《ねん》）」と「弘安《こうあん》の役《えき》（1281年《ねん》）」の2回《かい》ありました。また豊臣秀吉《とよとみひでよし》の「朝鮮出兵《ちょうせんしゅっぺい》」は「文禄《ぶんろく》の役《えき》（1592～93年《ねん》）」と「慶長《けいちょう》の役《えき》（1597～98年《ねん》）」の2回行《かいおこな》われました。

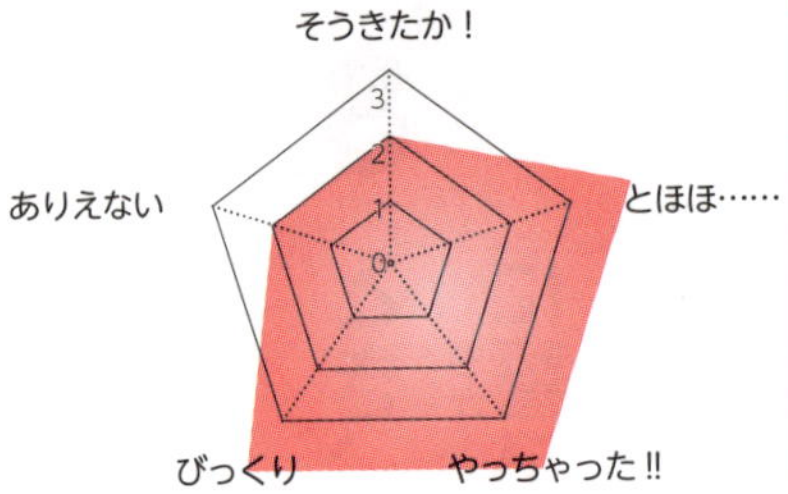

レベル
LEVEL 45

問題《もんだい》

本番編《ほんばんへん》

9

ただで映画《えいが》を見《み》れる券《けん》をもらった。オーストラリアの首都《しゅと》シドニーを舞台《ぶたい》にした作品《さくひん》だった。映画《えいが》の後《あと》、ぼくらは近《ちか》くの店《みせ》で、映画《えいが》について多《おお》いに語《かた》り合《あ》った。友人《ゆうじん》の山田《やまだ》さんは、会社《かいしゃ》ではいつも朝礼暮改《ちょうれいぼかい》で部下《ぶか》に疎《うと》まれているらしい。しかし映画《えいが》については揺《ゆ》るぎない信念《しんねん》を持《も》っている。うんちくを垂《た》れる姿《すがた》は、まるで評論家《ひょうろんか》のようだ。

（誤《あやま》りは五《いつ》つ）

問題《もんだい》

レベル
LEVEL
46

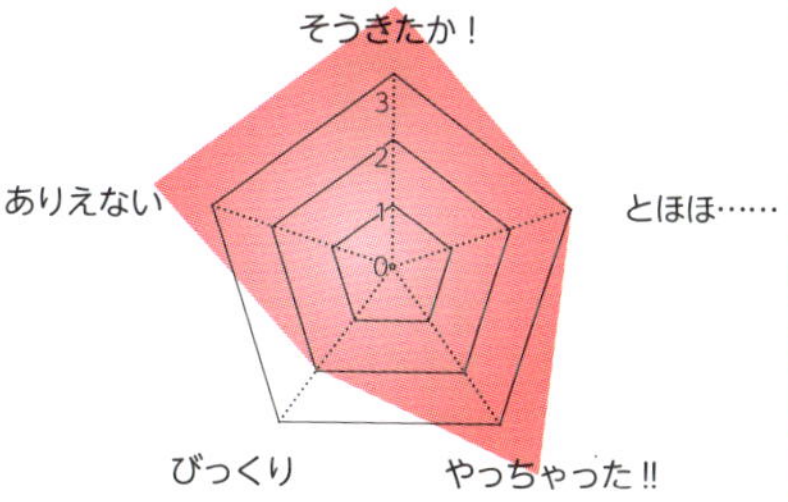

10

父《ちち》は苦労人《くろうにん》だ。旧性《きゅうせい》は藤原《ふじわら》という。幼《おさな》いころに祖父《そふ》が経営《けいえい》していた会社《かいしゃ》が破算《はさん》して、ずいぶんつらい目《め》にあったらしい。貧《まず》しいことをからかわれたときは怒《いか》り心頭《しんとう》に達《たっ》して暴《あば》れたそうだ。そんな父《ちち》に「君《きみ》は必《かなら》ず大者《おおもの》になる」と声《こえ》をかけ、面倒《めんどう》を見《み》てくれた先生《せんせい》がいたそうだ。とても優《やさ》しい人《ひと》らしく、父《ちち》はその先生《せんせい》に私淑《ししゅく》し、今《いま》に至《いた》るという。

（誤《あやま》りは五《いつ》つ）

解答《かいとう》

9

ただで映画《えいが》を見《み》れる券《けん》をもらった。オーストラリアの首都《しゅと》シドニーを舞台《ぶたい》にした作品《さくひん》だった。映画《えいが》の後《あと》、ぼくらは近《ちか》くの店《みせ》で、映画《えいが》について多《おお》いに語《かた》り合《あ》った。友人《ゆうじん》の山田《やまだ》さんは、会社《かいしゃ》ではいつも朝礼暮改《ちょうれいぼかい》で部下《ぶか》に疎《うと》まれているらしい。しかし映画《えいが》については揺《ゆ》るぎない信念《しんねん》を持《も》っている。うんちくを垂《た》れる姿《すがた》は、まるで評論家《ひょうろんか》のようだ。

「見《み》られる」が適切《てきせつ》。このままでは、いわゆる「ら抜《ぬ》き言《こと》葉《ば》」になります

首都《しゅと》はキャンベラです

「朝令暮改《ちょうれいぼかい》」が正《ただ》しい字《じ》。命令《めいれい》が出《で》ても後《あと》からすぐに改《あらた》められて、あてにならないという意味《いみ》です

「大《おお》いに」が正《ただ》しく、非常《ひじょう》に、たくさんなどの意味《いみ》です。「多《た》」の字《じ》を使《つか》いたいときは「多《おお》くを」などになります

「傾《かたむ》ける」が正解《せいかい》。うんちくは「垂《た》れる」ではなく「傾《かたむ》ける」と表現《ひょうげん》します。なお「うんちく」とは学問《がくもん》などの深《ふか》い知識《ちしき》のことです

正解《せいかい》の数《かず》

／5

探《さが》してみよう 周囲《しゅうい》に問題《もんだい》と似《に》たような誤《あやま》りはありませんか？

見《み》つけた日《ひ》と場所《ばしょ》：

内容《ないよう》：

解《かい》答《とう》

10

父《ちち》は苦労人《くろうにん》だ。旧性《きゅうせい》は藤原《ふじわら》という。幼《おさな》いころに祖父《そふ》が経営《けいえい》していた会社《かいしゃ》が破算《はさん》して、ずいぶんつらい目《め》にあったらしい。貧《まず》しいことをからかわれたときは怒《いか》り心頭《しんとう》に達《たっ》して暴《あば》れたそうだ。そんな父《ちち》に「君《きみ》は必《かなら》ず大者《おおもの》になる」と声《こえ》をかけ、面倒《めんどう》を見《み》てくれた先生《せんせい》がいたそうだ。とても優《やさ》しい人《ひと》らしく、父《ちち》はその先生《せんせい》に私淑《ししゅく》し、今《いま》に至《いた》るという。

「破産《はさん》」が正解《せいかい》。「破産《はさん》」は財産《ざいさん》を失《うしな》うことや借《か》りたお金《かね》を返《かえ》せなくなった状態《じょうたい》です。「破算《はさん》」は計算《けいさん》など何《なに》かを一《いち》からやり直《なお》す際《さい》に「ご破《は》算《さん》」などと使《つか》います

文章《ぶんしょう》から考《かんが》えて「旧姓《きゅうせい》」が正《ただ》しいとみなせます

「怒《いか》り心頭《しんとう》に発《はっ》して」が適切《てきせつ》。激《はげ》しく怒《おこ》る様子《ようす》を表《あらわ》します。「心《しん》頭《とう》」とは心《こころ》の中《なか》という意味《いみ》です

「大物《おおもの》」が正《ただ》しい字《じ》で、人《ひと》だけでなく、とれた魚《さかな》などにも使《つか》われます

「私淑《ししゅく》」とは直接教《ちょくせつおし》えは受《う》けていないが、ひそかに尊敬《そんけい》して学《まな》ぶことです。この文章《ぶんしょう》の場《ば》合《あい》、先生《せんせい》には直接面倒《ちょくせつめんどう》を見《み》てもらっているため適切《てきせつ》とはいえません。「学《まな》び」などとするのが適切《てきせつ》

正解《せいかい》の数《かず》

／5

レベルアップ 首都《しゅと》

首都《しゅと》を間違《まちが》いやすいのは、オーストラリアだけではありません。ブラジルはリオデジャネイロが有名《ゆうめい》ですが、首都《しゅと》はブラジリアです。トルコの首都《しゅと》はアンカラで、イスタンブールではありません。カナダの首都《しゅと》はオタワで、バンクーバーではありません。またアメリカ合衆国《がっしゅうこく》の首都《しゅと》ワシントンとワシントン州《しゅう》は場所《ばしょ》が違《ちが》います。

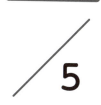

問題《もんだい》

LEVEL 47

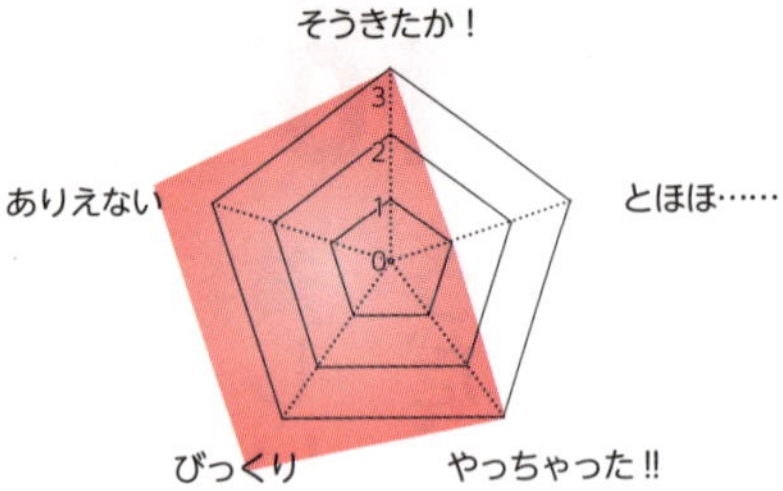

11

留学先《りゅうがくさき》から帰《かえ》ってくる兄《あに》を、飛行機《ひこうき》の離発着《りはっちゃく》をぼんやり見《み》ながら、ぼくは空港《くうこう》で待《ま》っていた。兄《あに》は豪快《ごうかい》で野生的《やせいてき》な人《ひと》だ。小学校《しょうがっこう》では手《て》のつけられない、やんちゃな生徒《せいと》で有名《ゆうめい》だった。あの兄《あに》が大学《だいがく》で経済学《けいざいがく》を学《まな》び、博士過程《はくしかてい》を卒業《そつぎょう》したことだけでも驚《おどろ》きなのに、留学《りゅうがく》までするとは思《おも》いもよらなかった。

（誤《あやま》りは五《いつ》つ）

問題《もんだい》

レベル
LEVEL
48

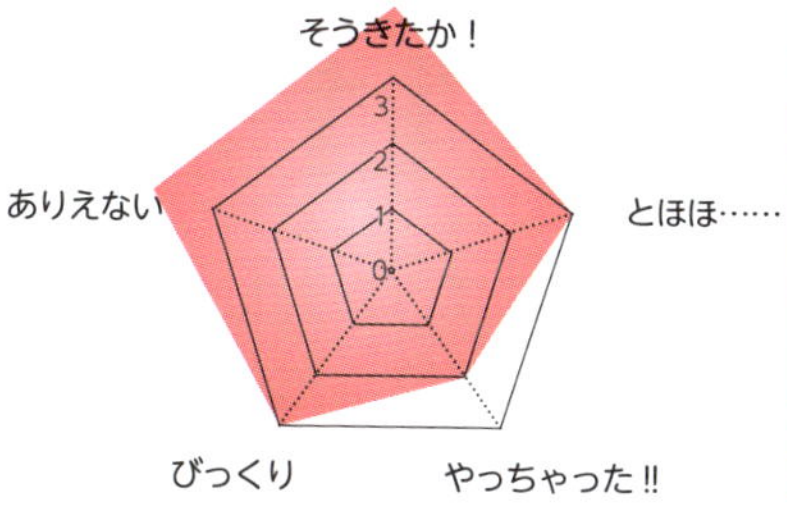

12

裏切《うらぎ》られた！　おれがのべつくまなしに働《はたら》いていた間《あいだ》に、こんなことが……。裏切《うらぎ》ったあいつはもともと気《き》が置《お》けないいやつだった。いつも口先三寸《くちさきさんずん》で調子《ちょうし》だけはいい。うそが明《あか》るみになると、あいつは「おれは知《し》らないよ」と平気《へいき》な顔《かお》をしていた。そんなあいつに、周囲《しゅうい》はすっかりだまされた様子《ようす》だ。こうなると周囲《しゅうい》も信用《しんよう》できない。おれは疑心暗鬼《ぎしんあんき》を抱《いだ》いた。

（誤《あやま》りは五《いつ》つ）

11

留学先《りゅうがくさき》から帰《かえ》ってくる兄《あに》を、飛行機《ひこうき》の離発着《りはっちゃく》をぼんやり見《み》ながら、ぼくは空港《くうこう》で待《ま》っていた。兄《あに》は豪快《ごうかい》で野生的《やせいてき》な人《ひと》だ。小学校《しょうがっこう》では手《て》のつけられない、やんちゃな生徒《せいと》で有名《ゆうめい》だった。あの兄《あに》が大学《だいがく》で経済学《けいざいがく》を学《まな》び、博士過程《はくしかてい》を卒業《そつぎょう》したことだけでも驚《おどろ》きなのに、留学《りゅうがく》までするとは思《おも》いもよらなかった。

「離着陸《りちゃくりく》」か「発着《はっちゃく》」。「離発着《りはっちゃく》」は両者《りょうしゃ》がまざった語《ご》とされます

「野性的《やせいてき》」が適切《てきせつ》。「野生《やせい》」は動植物《どうしょくぶつ》が自然《しぜん》のままの様子《ようす》などを指《さ》し、「野性《やせい》」は本能《ほんのう》のままあらあらしい様子《ようす》を意味《いみ》します。ここでは前《まえ》に「豪快《ごうかい》」、後《あと》に「手《て》のつけられない」とあることから「野性的《やせいてき》」と考《かんが》えられます

「児童《じどう》」もしくは「子供《こども》」が適切《てきせつ》。小学校《しょうがっこう》は「児童《じどう》」、中学校《ちゅうがっこう》・高校《こうこう》は「生徒《せいと》」、大学《だいがく》は「学生《がくせい》」とするのが一般的《いっぱんてき》です

「博士課程《はくしかてい》」が正解《せいかい》。「課程《かてい》」は、学校《がっこう》などである期間《きかん》に割《わ》り当《あ》ててさせる学習《がくしゅう》などの意味《いみ》。「過程《かてい》」とは物事《ものごと》が変化《へんか》していく道筋《みちすじ》などを指《さ》します

「修了《しゅうりょう》した」。博士課程《はくしかてい》や修士課程《しゅうしかてい》など一定《いってい》の課程《かてい》を終《お》えるときは「修了《しゅうりょう》」を用《もち》います

正解《せいかい》の数《かず》

／5

探《さが》してみよう 周囲《しゅうい》に問題《もんだい》と似《に》たような誤《あやま》りはありませんか？

見《み》つけた日《ひ》と場所《ばしょ》：

内容《ないよう》：

解《かい》答《とう》

12

裏切《うらぎ》られた！　おれがのべつくまなしに働《はたら》いていた間《あいだ》に、こんなことが……。裏切《うらぎ》ったあいつはもともと気《き》が置《お》けないやつだった。いつも口先三寸《くちさきさんずん》で調子《ちょうし》だけはいい。うそが明《あか》るみになると、あいつは「おれは知《し》らないよ」と平気《へいき》な顔《かお》をしていた。そんなあいつに、周囲《しゅうい》はすっかりだまされた様子《ようす》だ。こうなると周囲《しゅうい》も信用《しんよう》できない。おれは疑心暗鬼《ぎしんあんき》を抱《いだ》いた。

「のべつまくなし」が正解《せいかい》。ひっきりなしに続《つづ》く様子《ようす》をいいます

「気《き》が許《ゆる》せない」などとすべきです。「気《き》が置《お》けない」は気配《きくば》りや遠慮《えんりょ》がいらない間柄《あいだがら》に用《もち》います。ここでは、文章《ぶんしょう》から信用《しんよう》ならない人物《じんぶつ》と考《かんが》えられるため不適切《ふてきせつ》

「舌先三寸《したさきさんずん》」が正《ただ》しい表現《ひょうげん》。口先《くちさき》だけで相手《あいて》をうまくあしらうことです。

「明《あか》るみに出《で》る」もしくは「明《あき》らかになる」が適切《てきせつ》

「疑心暗鬼《ぎしんあんき》になった」などです。「疑《ぎ》心暗鬼《しんあんき》」は何《なん》でもないことまで恐《おそ》ろしく、疑《うたが》わしく感《かん》じることで、「疑念《ぎねん》を抱《いだ》く」とはいっても「疑心暗鬼《ぎしんあんき》を抱《いだ》く」は不自然《ふしぜん》です

正解《せいかい》の数《かず》

／5

レベルアップ　ら抜《ぬ》き言葉《ことば》

少《すこ》し前《まえ》に出《で》てきた「ら抜《ぬ》き言葉《ことば》」とは、可能《かのう》の意味《いみ》の「見《み》られる」「出《で》られる」「来《こ》られる」などを「見《み》れる」「出《で》れる」「来《こ》れる」のように用《もち》いることです。話《はな》し言葉《ことば》ではかなり一般化《いっぱんか》していて、社会的地位《しゃかいてきちい》のある人《ひと》が公《おおやけ》の場《ば》で使《つか》うこともしばしばです。しかし書《か》き言葉《ことば》としては、まだ認《みと》められているとまではいえません。堅苦《かたくる》しいようですが、注意《ちゅうい》してください。

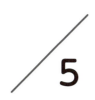

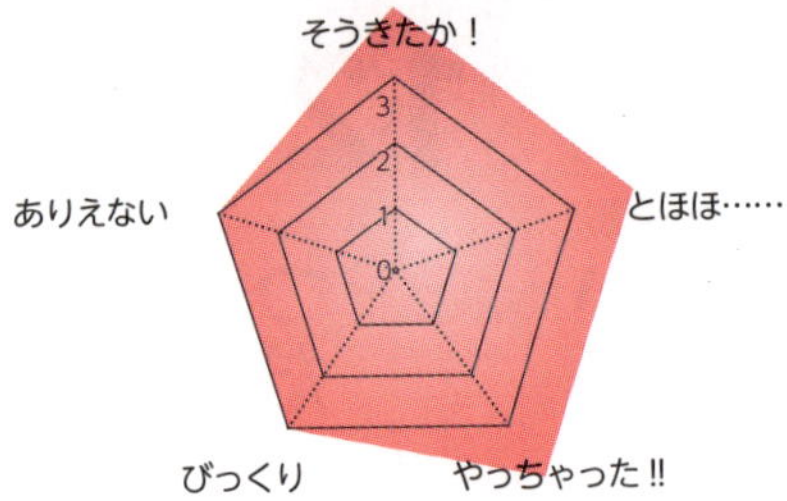

13

議論《ぎろん》が煮詰《につ》まって結論《けつろん》が見《み》えない。だが前回《ぜんかい》の雪辱《せつじょく》を晴《は》らすための議論《ぎろん》だ。メンバーは誰《だれ》もぐち一《ひと》つこぼさなかった。やがて菊池《きくち》さんが「こういうのはどうだろう」と口《くち》を開《ひら》いた。誰《だれ》もがわらをもすがる思《おも》いで聴《き》き入《い》った。それはすばらしいアイデアで、一《ひと》つも異存《いぞん》は出《で》なかった。さすが菊地《きくち》さんだ。

（誤《あやま》りは五《いつ》つ）

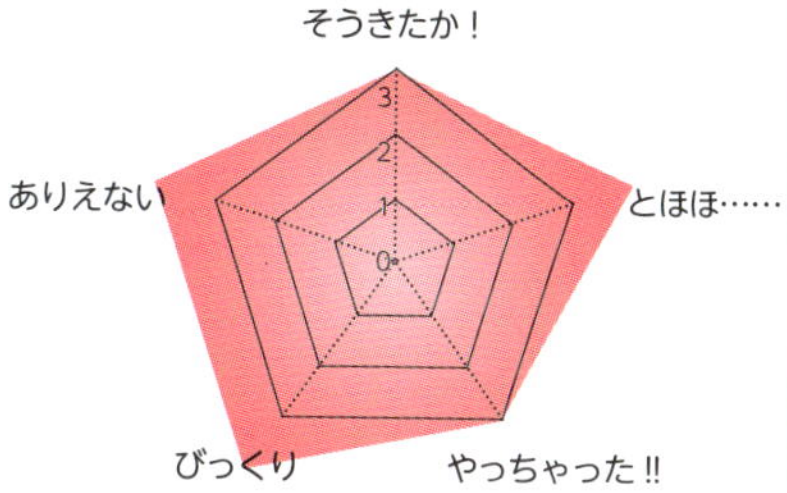
そうきたか！
とほほ……
やっちゃった!!
びっくり
ありえない

レベル
LEVEL
50

問題《もんだい》

14

嫌気《いやけ》がすることもある。だけど彼《かれ》のことが気《き》になる。同《おな》じゲームが好《す》きで彼《かれ》も私《わたし》もかなり課金《かきん》している。そして二人《ふたり》とも福岡《ふくおか》ソフトバンクホークスのファンだ。とにかく話《はなし》が合《あ》う。悩《なや》む私《わたし》に、友人《ゆうじん》が「それ恋《こい》だよ」と言《い》った。私《わたし》ははっとした。そして、その一言《ひとこと》が私《わたし》の肩《かた》をたたいた。私《わたし》はその後《ご》、彼《かれ》に告白《こくはく》したのだ。付《つ》き添《そ》った親友《しんゆう》は高見《たかみ》の見物《けんぶつ》とばかりに、ずっとにやにやしていた。

（誤《あやま》りは五《いつ》つ）

13

議論《ぎろん》が煮詰《につ》まって結論《けつろん》が見《み》えない。だが前回《ぜんかい》の雪辱《せつじょく》を晴《は》らすための議論《ぎろん》だ。メンバーは誰《だれ》もぐち一《ひと》つこぼさなかった。やがて菊池《きくち》さんが「こういうのはどうだろう」と口《くち》を開《ひら》いた。誰《だれ》もがわらをもすがる思《おも》いで聴《き》き入《い》った。それはすばらしいアイデアで、一《ひと》つも異存《いぞん》は出《で》なかった。さすが菊地《きくち》さんだ。

「行《い》き詰《づ》まって」などが適切《てきせつ》。「煮詰《につ》まる」は議論《ぎろん》が尽《つ》くされ結論《けつろん》がもうすぐ出《で》そうな状態《じょうたい》をいいます

「雪辱《せつじょく》を果《は》たす」もしくは「屈辱《くつじょく》を晴《は》らす」が正《ただ》しいつながりです

「わらにもすがる」もしくは「わらをもつかむ」が正解《せいかい》

「異論《いろん》は出《で》なかった」が正《ただ》しい書《か》き方《かた》

前《まえ》に「菊池《きくち》さん」とあります。ここは「菊地《きくち》さん」ではなく「菊池《きくち》さん」と考《かんが》えられます

正解《せいかい》の数《かず》

／5

探《さが》してみよう　周囲《しゅうい》に問題《もんだい》と似《に》たような誤《あやま》りはありませんか？

見《み》つけた日《ひ》と場所《ばしょ》：

内容《ないよう》：

解《かい》答《とう》

14

嫌気《いやけ》がすることもある。だけど彼《かれ》のことが気《き》になる。同《おな》じゲームが好《す》きで彼《かれ》も私《わたし》もかなり課金《かきん》している。そして二人《ふたり》とも福岡《ふくおか》ソフトバソクホークスのファンだ。とにかく話《はなし》が合《あ》う。悩《なや》む私《わたし》に、友人《ゆうじん》が「それ恋《こい》だよ」と言《い》った。私《わたし》ははっとした。そして、その一言《ひとこと》が私《わたし》の肩《かた》をたたいた。私《わたし》はその後《ご》、彼《かれ》に告白《こくはく》したのだ。付《つ》き添《そ》った親友《しんゆう》は高見《たかみ》の見物《けんぶつ》とばかりに、ずっとにやにやしていた。

「嫌気《いやけ》がさす」が正《ただ》しい表現《ひょうげん》。嫌《いや》だという思《おも》いが起《お》こることです

「ソフトバンク」が正解《せいかい》。「ソ」と「ン」はよく似《に》ているので注意《ちゅうい》が必要《ひつよう》です

「お金《かね》を使《つか》っている」などが正解《せいかい》。「課金《かきん》」とは料金《りょうきん》を課《か》すことで、利用者《りようしゃ》ではなくサービスの提供者《ていきょうしゃ》側《がわ》がするものです

「背中《せなか》を押《お》した」などが適切《てきせつ》。「肩《かた》をたたく」は特《とく》に仕事《しごと》を辞《や》めてもらう時《とき》によく使《つか》われるため、告白《こくはく》の後押《あとお》しという意味《いみ》で用《もち》いるのは控《ひか》えた方《ほう》がいいと考《かんが》えられます

「高《たか》みの見物《けんぶつ》」。「高《たか》み」は高《たか》いところのこと。自分《じぶん》に関係《かんけい》ないから興味本位《きょうみほんい》で眺《なが》めていることをいいます

正解《せいかい》の数《かず》

／5

レベルアップ 外来語《がいらいご》の短縮形《たんしゅくけい》クイズ

スマートフォンを「スマホ」と呼《よ》ぶなど、私《わたし》たちの周囲《しゅうい》には外来語《がいらいご》を短《みじか》くした呼《よ》び方《かた》がたくさんあります。次《つぎ》の外来語《がいらいご》の短縮形《たんしゅくけい》について元《もと》の言葉《ことば》を考《かんが》えてみましょう。

1：コスパ　2：インフラ　3：セクハラ　4：カーナビ
5：コラボ　6：インフレ　7：デフレ　8：パソコン

※答《こた》えは95ページにあります。

大人《おとな》と一緒《いっしょ》に読《よ》もう

みんなで問題《もんだい》を作《つく》る

この本《ほん》の問題《もんだい》は全《すべ》て、「だましてやろう」と無理《むり》に作《つく》り出《だ》したものではありません。日常《にちじょう》にあふれるさまざまな誤《あやま》りを、いくつか集《あつ》めたにすぎません。街《まち》の看板《かんばん》や案内図《あんないず》、本《ほん》や雑誌《ざっし》、新聞《しんぶん》、スマートフォンやパソコンでつながるインターネットの世界《せかい》など、文字《もじ》は私《わたし》たちの身近《みぢか》にたくさんあります。その分《ぶん》だけ誤《あやま》りもあります。ほんの少《すこ》しだけ注意《ちゅうい》を払《はら》って見《み》ていれば、すぐにそれらを見《み》つけられるでしょう。

ここでみなさんに提案《ていあん》です。それらを参考《さんこう》にして自分《じぶん》で問題《もんだい》を作《つく》ってみませんか。

ちまたにあふれる誤《あやま》りを、「他山《たざん》の石《いし》（他人《たにん》の誤《あやま》りなどを自分《じぶん》の行《おこな》いの参考《さんこう》にすること）」とし、自分《じぶん》の文章《ぶんしょう》に磨《みが》きをかけましょう。もちろん国語辞典《こくごじてん》などできちんと確認《かくにん》し、正解《せいかい》を作《つく》ることを忘《わす》れないでください。作《つく》った問題《もんだい》を家族《かぞく》など周囲《しゅうい》の人《ひと》と出《だ》し合《あ》えば、文章《ぶんしょう》を通《つう》じた新《あたら》しいコミュニケーションが生《う》まれるかもしれません。種明《たねあ》かしをすると、解答《かいとう》ページに用意《ようい》した「探《さが》してみよう」は、みなさんの問題作《もんだいづく》りのために用意《ようい》しました。

さあ、新《あたら》しい文章《ぶんしょう》の世界《せかい》へ飛《と》び出《だ》しましょう！

おわりに

この本《ほん》には「準備編《じゅんびへん》」「練習編《れんしゅうへん》」「本番編《ほんばんへん》」合《あ》わせて50問《もん》の問題文《もんだいぶん》がありました。「はじめに」に書《か》いた通《とお》り、漢字《かんじ》や表現《ひょうげん》の誤《あやま》りだけでなく、政治《せいじ》、経済《けいざい》、社会《しゃかい》など世《よ》の中《なか》のことを知《し》らないと見《み》つけられないものもありました。難《むずか》しい問題《もんだい》も少《すく》なくなかったでしょう。

しかし「解《と》けなかった」「間違《まちが》えた」と落《お》ち込《こ》む必要《ひつよう》はありません。この本《ほん》を通《とお》して、注意深《ちゅういぶか》く文章《ぶんしょう》に接《せっ》し、親《した》しめるようになれれば、それで十分《じゅうぶん》です。なにより最後《さいご》までやり遂《と》げたことが大切《たいせつ》です。

そこで、みなさんにプレゼントを用意《ようい》しました。ページをめくって受《う》け取《と》ってください。

表章状《ひょうしょうじょう》

あなたはよくがんばりました。
そのがんばりをたたえ、ここに表彰《ひょうしょう》しま
す。
問題《もんだい》は難《むずか》しかったでしょうか。それとも
見《み》かけ倒《だお》しだったでしょうか。
いずれにせよ、ここまで心血《しんけつ》をささげて問《もん》

題《だい》を解《と》いたあなたは、もう文章《ぶんしょう》の達人《たつじん》です。胸《むね》を張《は》って文章《ぶんしょう》を読《よ》んだり書《か》いたりしてください。

でも油断《ゆだん》は禁物《きんもつ》です。昔《むかし》から「勝《か》って兜《かぶと》の緒《お》を占《し》めよ」といいます。これからも注意深《ちゅういぶか》く文章《ぶんしょう》と付《つ》き合《あ》ってください。

あなたの今後《こんご》に期待《きたい》しています。

(誤《あやま》りは三《みっ》つ)

92、93ページの答《こた》えは本《ほん》のカバーを外《はず》した裏表紙《うらびょうし》にあります。

クイズの答《こた》え

P59　1 教皇《きょうこう》　2 凶行《きょうこう》　3 強硬《きょうこう》　4 恐慌《きょうこう》　5 強行《きょうこう》

P89　1：コストパフォーマンス
使《つか》った費用《ひよう》などに対《たい》して得《え》られる利益《りえき》や効果《こうか》を比較《ひかく》した際《さい》の度合《どあ》い

2：インフラストラクチャー
道路《どうろ》や水道《すいどう》など社会《しゃかい》や経済《けいざい》の基盤《きばん》となるもの

3：セクシュアルハラスメント
性的《せいてき》ないやがらせ、差別《さべつ》のこと

4：カーナビゲーションシステム
自動車《じどうしゃ》が今《いま》いる位置《いち》や進《すす》む方向《ほうこう》を、人工衛星《じんこうえいせい》などを使《つか》って画面上《がめんじょう》の地図《ちず》に映《うつ》し出《だ》す装置《そうち》

5：コラボレーション
複数《ふくすう》の人《ひと》や組織《そしき》が共同《きょうどう》でモノを作《つく》るなどすること

6：インフレーション
モノやサービスの値段《ねだん》が上《あが》がり続《つづ》けること

7：デフレーション
モノやサービスの値段《ねだん》が下《さ》がり続《つづ》けること

8：パーソナルコンピューター
個人《こじん》が所有《しょゆう》して使《つか》うことができるコンピューターのこと

【監修《かんしゅう》】
岩佐義樹（いわさ・よしき）

1963年《ねん》、広島県《ひろしまけん》生《う》まれ。毎日新聞東京本社《まいにちしんぶんとうきょうほんしゃ》に校閲記者《こうえつきしゃ》として入社《にゅうしゃ》、用語幹事《ようごかんじ》、校閲《こうえつ》センター部長《ぶちょう》を歴任《れきにん》。現在《げんざい》『毎日小学生新聞《まいにちしょうがくせいしんぶん》』の校閲《こうえつ》などを担当《たんとう》。著書《ちょしょ》に『毎日新聞《まいにちしんぶん》・校閲《こうえつ》グループの　ミスがなくなるすごい文章術《ぶんしょうじゅつ》』『失礼《しつれい》な日本語《にほんご》』（ともにポプラ社《しゃ》）、『春《はる》は曙《しょ》光《こう》、夏《なつ》は短夜《みじかよ》　季節《きせつ》のうつろう言葉《ことば》たち』（ワニブックス）。共著《きょうちょ》に『校閲至極《こうえつしごく》』『校閲記《こうえつき》者《しゃ》の目《め》』（ともに毎日新聞出版《まいにちしんぶんしゅっぱん》）など。

小学生《しょうがくせい》からチャレンジ
えんぴつ１本《ぽん》ですごい変《へん》な文章《ぶんしょう》を見抜《みぬ》いて
国語力《こくごりょく》を上《あ》げる本《ほん》

2024年12月 1日　初版発行
2025年 3月 1日　四刷発行

編集人　長岡平助
発行人　盛崎宏行
発行所　JTBパブリッシング
〒135-8165
東京都江東区豊洲5-6-36
豊洲プライムスクエア11階
編集・制作　ライフスタイルメディア編集部
デザイン／イラスト／DTP　朝日メディアインターナショナル
印刷所　TOPPANクロレ

編集内容や、商品の乱丁・落丁のお問合せはこちら
https://jtbpublishing.co.jp/contact/service/

ISBN 978-4-533-16276-3 C0037 243763 702760